Überflieger

Herausgegeben von Christof Kehr

Wer neugierig ist auf andere Länder und ihre Menschen, der kommt um Sprachkenntnisse nicht herum. **Russisch in letzter Minute** bietet den Einstieg für alle, denen ein ganzes Lehrbuch zu langwierig und ein herkömmlicher Sprachführer zu schematisch ist. Wer dieses Buch, nach Möglichkeit mit der dazugehörigen Cassette (rororo 9798), durcharbeitet, der erwirbt dank einer ausgefeilten Methode die Fähigkeit, sich in Rußland und den russischsprechenden Ländern zu verständigen. Informationen zum Alltagsleben und jede Menge praktischer Tips verkürzen den Weg zu der anderen Kultur. Das russisch-deutsch-russische Wörterbuch im Anhang hilft immer dann, wenn es Unverständliches zu entschlüsseln oder das rechte Wort zu finden gilt.

Dorothee Bernhardt ist Slawistin. Sie hat in Bonn, Köln und Moskau studiert und promoviert zur Zeit in russischer Literaturwissenschaft.

In der Serie **Überflieger** sind bislang erschienen: Christof Kehr **Spanisch in letzter Minute** (9526/9527), Hanne Schönig/Hatem Lahmar **Arabisch in letzter Minute** (9541/9542), Isabelle Jue/Nicole Zimmermann **Französisch in letzter Minute** (9628/9629), Frida Bordon/Giuseppe Siciliano **Italienisch in letzter Minute** (9626/9627), Iain Galbraith/Paul Krieger **Englisch in letzter Minute** (9630/9631), Karl-Heinz Scheffler **Türkisch in letzter Minute** (9688/9689), Elisabeth Völpel **Portugiesisch in letzter Minute** (9686/9687) und Uwe Kreisel/Pamela Ann Tabbert **American Slang in letzter Minute** (9623/9624)

Originalausgabe
Veröffentlicht im Rowohlt Taschenbuch Verlag GmbH, Reinbek bei Hamburg, August 1995

Umschlaggestaltung **Susanne Müller**
Grafik-Konzept **Alexander Urban**
Satz **Frutiger und Adobe Garamond, PostScript Linotype Library, QuarkXpress 3.3 (Dolev 800)**
Layout **Andreas Hofer**
Druck und Bindung **Clausen & Bosse, Leck**
Printed in Germany
1290-ISBN 3 499 19797 9

Dorothee Bernhardt

Russisch
in letzter Minute

ÜBERFLIEGER

Ein Sprachführer für Kurzentschlossene

Rowohlt
rororo

Inhalt

Vorwort

Sprachforscher schätzen, daß es auf der Erde über 4000 eigenständige Sprachen gibt. Wer mehr als drei Fremdsprachen kann, der wird landläufig bewundert. Wer sich gar in mehr als zehn Fremdsprachen auszudrücken versteht, wird als Genie gehandelt. «Dem fliegt das halt zu» ist die gängige Erklärung. Doch Sprachen zu lernen ist – außer für Kinder – auch mit Arbeit verbunden. Wir glauben nicht an Zauberei beim Sprachenlernen – es sei denn, einer schnappt leicht auf und kann das Aufgeschnappte zuverlässig speichern. Der große Rest kommt um ein mehr oder minder intensives Training nicht herum.

Die **Überflieger**-Bände bieten einen schnellen ersten Zugang zu anderen Sprachen. Sie vermitteln das Allerwichtigste – das, was jeder in den ersten Tagen und Wochen sagen und verstehen muß, wenn er sich nicht stumm, taub und verunsichert durch das fremde Land bewegen möchte. Sie schleifen das notwendigste Wissen mit einer ausgefeilten Methode ein. Denn es genügt nicht, wie dies die Mehrzahl der Sprachführer tut, fertige Sätze und Wortlisten zu servieren. Die meisten Lernwilligen fühlen sich da zu Recht im Stich gelassen. Der Stoff muß gekaut und verdaut werden. Wer eine andere Sprache lernt, dem muß ein neues Wort etwa dreizehnmal begegnen, bis es in seinen aktiven Wortschatz eingeht. Den Weg dahin wollen wir für den Anfang verkürzen.

Russisch in letzter Minute bringt Ihnen rund 250 Wörter und Wendungen bei. Es stellt sie in einen Zusammenhang, sorgt durch wiederholtes Üben dafür, daß sie sich einprägen, und gibt darüber hinaus noch nützliche Informationen und kulturelle Tips für den Aufenthalt in Rußland und anderen Ländern der GUS.

Damit keine falschen Erwartungen aufkommen: Eine richtige Zeitung zu lesen oder sich über die gesellschaftliche Rollenverteilung von Mann und Frau zu unterhalten erfordert ein Sprachvermögen, das sich erst in Monaten oder Jahren einstellt.

Schlagen Sie die erste Lektion auf, schieben Sie, wenn möglich, die Cassette zum Buch ein und legen Sie los. Scheuen Sie sich nicht, den Stoff dreimal oder viermal zu wiederholen. Und trauen Sie sich, die Aussprache etwas zu übertreiben – das hilft bestimmt.

Wenn Sie in Rußland ankommen, werden Sie anfangen zu verstehen und bald auch selbst verstanden werden. Viel Spaß dabei!

Christof Kehr

Gebrauchsanweisung

Vorab

Mit diesem Buch lernen Sie rund 250 Wörter und Wendungen, die in verschiedene Themen gepackt sind. Jedes Thema besteht aus drei Lektionen und einer Zusammenfassung zum Wiederholen und Vertiefen.

Blättern Sie das ganze Buch einmal durch, und machen Sie sich den Aufbau klar:

1. Hinweise zur Aussprache
2. Fünf Themen mit fünfzehn Lektionen
3. Lösungen der Übungen und Tests
4. Kurzgrammatik
5. Wörterbuch Russisch-Deutsch-Russisch

Die Bedeutung der Zeichen

(1)-(15) Diese Zahlen stehen für die einzelnen Lektionen. Planen Sie für jede Lektion einen Tag. Nach ungefähr zwei Wochen sollten Sie also den wichtigsten Lernstoff des Buches durchgearbeitet haben. Selbst wenn Sie dann nicht alles aktiv beherrschen, werden Sie das meiste doch wiedererkennen und verstehen.

Nach drei Lektionen wird das neu Gelernte vertieft, ergänzt und abgefragt. Das (Z) steht für Zusammenfassung.

Lernen läuft nicht nur übers Lesen, sondern auch übers Hören. Was den einen Lerntyp vom anderen unterscheidet, ist die Gewichtung: mehr Lesen oder mehr Hören. Wir bieten beide Möglichkeiten, denn zum Buch gibt es die Cassette. So kann jeder selbst wählen, ob er Wörter und Dialoge zuerst liest oder hört. Als Hörverständnis-Training gibt es immer Übungen auch von der Cassette.
Wenn Sie keine Cassette zur Hand haben, dann treiben Sie einen Muttersprachler oder einen Sprachkundigen auf, der Ihnen ordentlich vorspricht.

In den Kästchen mit der Glühlampe finden Sie Mechanismen, nach denen bestimmte Elemente der Sprache (Verben, Mehrzahl, Artikel ...) funktionieren. Wir haben bewußt auf grammatikalischen Ballast verzichtet. Nicht daß Grammatik überflüssig wäre: Wenn Erwachsene eine Fremdsprache lernen, dann hilft die Grammatik dabei, das System der anderen Sprache schneller zu begreifen. Sie sollen sich hier aber vor allem im Kommunizieren (sich mitteilen, verstehen, in einer bestimmten Situation etwas ausdrücken ...) üben. Wer tiefer in die Grammatik einsteigen möchte, der findet im Anhang eine Übersicht mit den wichtigsten Regeln.

Das Kästchen mit dem Koffer steht für «Kulturgepäck». Gemeint ist die Alltagskultur. Hier finden Sie nützliche Wörter und hilfreiche Informationen für einen Aufenthalt in Rußland und für den Zugang zu Land und Leuten.

Gebrauchsanweisung

Der Aufbau der Lektionen

Lesen

Am Anfang steht ein deutscher Text zum **Lesen** mit wissenswerten Informationen rund um das Thema.

Lernen

Unter **Lernen** folgen die bisher unbekannten Wörter mit ihrer Übersetzung. Hören Sie sich die Wörter nach Möglichkeit auf der Cassette an und sprechen Sie sie nach. Wiederholen Sie das ein paarmal, damit Sie sich die meisten Wörter einprägen.

Reden

Sie verstehen jetzt die neuen Wörter und nehmen sich im Abschnitt **Reden** die Dialoge vor. Kinderleicht, denn es kommt ja nichts Neues, dafür stehen die Wörter aber im Zusammenhang, gerade so, wie sie einem meist begegnen. Hören Sie die Dialoge ein paarmal an und lesen Sie sie, prägen Sie sich dabei die Wendungen ein, die für die jeweilige Situation wichtig erscheinen.

Üben

Unter dem Stichwort **Üben** steht, was dieses Buch von anderen Sprachführern unterscheidet. Sie werden nicht mit Wörtern, Sätzen und Dialogen allein gelassen, sondern haben Gelegenheit, den auf das Allerwichtigste beschränkten Stoff einzuüben, geradeso wie in einem dicken Lehrbuch. Die mit einem Cassetten-Symbol gekennzeichneten Übungen können Sie wahlweise mit Buch oder Cassette ausführen.

Gebrauchsanweisung

Die Zusammenfassung der Themen

Alle Wörter

Hier finden Sie, verschnürt in kleine Portionen zum Pauken, alle Wörter der drei letzten Lektionen, diesmal andersherum: deutsch-russisch.

Schrift

Auf diesen Seiten werden Sie nach und nach vertraut gemacht mit dem kyrillischen Alphabet.

Hier fehlt's

Der Lückentext bringt noch einmal einen Querschnitt der Dialoge mit auszufüllenden Lücken.

Hier steht's

Dieser Text enthält alles, was im Lückentext fehlt. Sie können sich diesen Dialog auch von der Cassette anhören und dann die Lücken ausfüllen.

Prüfstand

Zum Abschluß gibt es einen Wiederholungstest, der nochmals den wichtigsten Lernstoff abfragt und einschleift. Wenn Sie gut abschneiden wollen, dann müssen Sie auch die **Lesen**-Texte am Anfang der Lektionen aufmerksam durchlesen, sie werden nämlich ebenfalls abgefragt.

Das Angebot im Anhang

Schlüssel

Der **Schlüssel** bringt die Lösungen aller Übungen und Tests und dient der Selbstkontrolle.

Wörterbuch

Das **Wörterbuch** enthält, über die in den Lektionen gelernten Vokabeln hinaus, unbekannte Wörter, die Ihnen auf Schildern, Speisekarten, in Zeitschriften, auf Tickets, Reklametafeln, in den Medien oder wo auch immer begegnen mögen.

Alphabet und Aussprache

Diese Seiten brauchen Sie nicht zu pauken. Die Erklärungen sollen Ihnen dann weiterhelfen, wenn Sie wissen wollen, wie ein bestimmter Laut ausgesprochen wird.

Das kyrillische Alphabet

Die kyrillische Schrift ist eine Buchstabenschrift wie die lateinische oder griechische und leicht zu erlernen. Sie wurde etwa im 10. Jahrhundert wohl aus den Großbuchstaben des griechischen Alphabets entwickelt und nach dem christlichen Missionar Kyrill benannt. Dieser war im 9. Jahrhundert mit seinem Bruder Method vom byzantinischen Kaiser Michael III. zu den Slawen gesandt worden, um sie zum Christentum zu bekehren. Einige Buchstaben der Kyrilliza gleichen ihren Verwandten im griechischen oder lateinischen Alphabet, die Aussprache weicht aber oft ab. Die slawischen Sprachen, zu denen Russisch gehört, werden kyrillisch geschrieben (z.B. Weißrussisch, Ukrainisch, Bulgarisch, Serbisch) oder lateinisch (z.B. Polnisch, Tschechisch, Kroatisch, Sorbisch). Das kommt daher, daß die einen Völker vom katholischen Rom aus christianisiert wurden, die anderen vom orthodoxen Byzanz. In Ermangelung einer eigenen Schrift für die Übersetzung der Bibel übernahmen die Slawen die Schrift, die ihre Missionare dafür verwendeten.

Um mit diesem Buch Russisch zu lernen, brauchen Sie das kyrillische Alphabet nicht. Die verwendete Umschrift ist der tatsächlichen Aussprache weitgehend angepaßt. Die Kenntnis der Buchstaben ist aber sehr hilfreich, um sich in Rußland zurechtzufinden. Wer Straßenschilder, Geschäftsnamen, Adressen und die Bezeichnungen von Metrostationen entziffern kann, wird sich in der russischen Umgebung sicherer bewegen können. Die Schrift wird auch benötigt, um ein normales Wörterbuch zu benutzen.

In den Zusammenfassungen können Sie unter ‹Schrift› das kyrillische Alphabet einüben. Dabei werden die Buchstaben nicht in der Reihenfolge des Alphabets vorgestellt, sondern aufgeteilt in fünf Gruppen. Zur ersten Gruppe (S. 31) gehören die Buchstaben, die mit lateinischen identisch sind. Zur zweiten Gruppe (S.51) gehören die Buchstaben, die wie lateinische aussehen, aber anders gesprochen werden. Zur dritten Gruppe (S. 71) gehören die Buchstaben, die uns im Aussehen fremd, aber im Klang vertraut sind. Zur vierten Gruppe (S. 93, 115) gehören die Buchstaben, die mit lateinischen weder im Aussehen noch in der Aussprache etwas gemeinsam haben. Zur fünften Gruppe (S. 115) gehören die Buchstaben, die keinen eigenen Lautwert haben. In jeder Zusammenfassung gibt es auch Übungen mit Begriffen aus den vorangehenden Lektionen, die das ganze Alphabet umfassen. Auch mit Hilfe des russisch-deutschen Wörterbuchs im Anhang läßt sich die Schrift gut einüben.

Die Aussprache

Die meisten Konsonanten können in der russischen Sprache hart oder weich ausgesprochen werden. Die harten Konsonanten sind der deutschen Aussprache weitgehend gleich, bei der weichen Aussprache klingt hinter dem Konsonant ein kurzes «j» mit: «sskashitje», «pjatj». Ob ein Konsonant hart oder weich gesprochen wird, ist am folgenden Buchstaben zu erkennen. Harte Aussprache erfolgt vor harten Vokalen (a, o, u, ä, y), vor Konsonanten und vor dem (seltenen) Härtezeichen, weiche Aussprache erfolgt vor weichen Vokalen (e, i, ja, jo, ju) und vor dem Weichheitszeichen. Einige Konsonanten sind immer hart (sh, z, sch), andere immer weich auszusprechen (tsch, schch). Die Aussprache der Vokale ist weitgehend abhängig von der Wortbetonung. Zum Erlernen der korrekten Aussprache ist die Sprachkassette unverzichtbar.

Die Betonung

Der Wortakzent im Russischen ist dynamisch und unterliegt komplizierten Regeln. Daher muß er bei jedem Wort mitgelernt werden. Er kann je nach Endung beim gleichen Wort wechseln. Ein Beispiel: daragoj (teuer), daroshe (teurer), doraga (teuer, Adverb). Die Betonung wechselt hier von der ersten zur zweiten und zur letzten Silbe. Dadurch verändert sich auch die Aussprache der Vokale. Betonte Vokale werden lang und tönend ausgesprochen, unbetonte kurz und nachlässig. Besonders am Wortende klingen unbetonte Vokale wie das «e» in *Jacke* oder das «i» in *Likör*. Manche werden ganz verschluckt.

Die Buchstaben

kyrill	lateinisch	Ausspracheerläuterung
А, а	**A, a**	
Б, б	**B, b**	
В, в	**W, w**	zwischen «w» und «f»
Г, г	**G, g**	in der Genitiv-Endung wie «w» gesprochen: nitschewo; selten auch wie «ch» in *Buch* gesprochen: ljochkij
Д, д	**D, d**	
Е, е	**E, e**	am Wortanfang und nach Vokal «je» gesprochen.
Ё, ё	**Jo, jo**	mit offenem «o» wie in *Joch*; ist immer betont; die Punkte werden oft weggelassen
Ж, ж	**Sh, sh**	wie «g» in *Manege* und «j» in *Journal*
З, з	**S, s**	stimmhaftes «s» wie in *Sonne* und *lesen*
И, и	**I, i**	
Й, й	**J, j**	
К, к	**K, k**	
Л, л	**L, l**	harte Aussprache wie das dumpfe «l» der Rheinländer; weiche Aussprache wie «lj», wobei die Zungenspitze nicht an die Zähne stößt
М, м	**M, m**	
Н, н	**N, n**	

О, о	**O, o**	meist offenes «o» wie in *Ort*; wird in unbetonten Silben wie kurzes «a» oder wie das kurze «e» in *kochen* gesprochen
П, п	**P, p**	
Р, р	**R, r**	Zungen-«r»; wird gerollt wie das italienische «r»
С, с	**Ss, ss**	stimmloses oder scharfes «s» wie in *fließen*
Т, т	**T, t**	
У, у	**U, u**	
Ф, ф	**F, f**	
Х, х	**Ch, ch**	Hintergaumenlaut wie in *Buch*; vor «i» fast wie in *China*
Ц, ц	**Z, z**	
Ч, ч	**Tsch, tsch**	kein breites «tsch», eher wie engl. *match*
Ш, ш	**Sch, sch**	
Щ, щ	**Schch, schch**	ein langgezogener Zischlaut, bei dem das «sch» wie in *Schnee* in «ch» wie in *ich* übergeht: *Bürschchen*
Ъ, ъ		Härtezeichen ohne selbständigen Lautwert
Ы, ы	**Y, y**	irgendwo zwischen «ü» und «i»; versuchen Sie, mit einem breiten Lächeln «ü» zu sagen
Ь, ь		Weichheitszeichen ohne selbständigen Lautwert; am Wortende meist durch «j» wiedergegeben, wenn es den vorangehenden Konsonanten hörbar erweicht.
Э, э	**Ä, ä**	
Ю, ю	**Ju, ju**	
Я, я	**Ja, ja**	

Weichheitszeichen, Härtezeichen und «ы» stehen nie am Wortanfang.

Dabro pashalawaty
Herzlich willkommen

Moskau. Regierungsflughafen Wnukowa, 9. September 1955. Bundeskanzler Konrad Adenauer steigt aus dem Flugzeug. Auf Einladung der sowjetischen Regierung ist er angereist, um über die Wiederaufnahme der diplomatischen Beziehungen und über die Rückführung der letzten deutschen Kriegsgefangenen zu verhandeln. Er betritt die Gangway, von der historischen Bedeutung des Augenblicks ebenso bewegt wie von einem einzigen russischen Wort, das sein Dolmetscher ihm während des Fluges eingetrichtert hat. Das Wort soll den Einsatz für die unten wartende Musikkapelle geben. Doch als er russische Erde betritt, bringt der sonst nie um ein Wort verlegene Staatsmann nur ein paar unartikulierte Laute hervor. Die Musikkapelle setzt indes ohne das protokollarisch vereinbarte Stichwort ein und rettet die Situation. Soweit die Historie. Wie aber lautete das Zauberwort, das eine neue Etappe der deutsch-russischen Beziehungen einleiten sollte? – «Sdrasstwujtje» (Guten Tag) hieß es ganz einfach. Oder vielleicht doch nicht so einfach? In der Tat hat kaum ein Volk solch einen Zungenbrecher als Grußformel. Wer diese Hürde aber nimmt, hat schon halb gewonnen. Denn dieser Gruß ist die Eintrittskarte in ein Land voll von Schönem und Geheimnisvollem, aber auch voller Widersprüche, ein Land zwischen Aufbruch und Zerfall.

Wer heute als Reisender in Moskau eintrifft, erkennt bereits am Flughafen die Zeichen der neuen Zeit. Verschwunden ist die Beklommenheit, die zu Sowjetzeiten jeden einholte, der die diversen Kontrollen durchlief. Anstelle stummer Wachsgesichter hinter Glas bitten lächelnde Beamte um Paß- und Zollerklärung. Scheremetjewa Dwa, wo die meisten Rußlandreisenden landen, ist ein internationaler Flughafen (fast) wie Paris, London oder Frankfurt geworden. Hinter der Gepäckausgabe muß sich der einzeln heraustretende Ankommende durch eine schmale Gasse von Wartenden schieben und zwischen erwartungsvoll aufgeregten Gesichtern und hochgehaltenen Erkennungsschildern seinen russischen Ansprechpartner finden. Ist der entdeckt, heißt es, äußerste Konzentration für das schwierigste aller russischen Wörter: S-d-r-a-s-s-t-w-u-j-t-je.

Selbst wenn es Ihnen irgendwann gelingt, das Wort akzentfrei auszusprechen, wird vermutlich keine Kapelle zur Belohnung ein Lied aufspielen. Dafür wird Ihnen die lächelnde Erwiderung des Angesprochenen signalisieren, daß er Ihre Bemühung zu schätzen weiß: «Dabro pashalawatj» – Herzlich willkommen in Rußland!

Während der einstündigen Fahrt vom Flughafen ins Zentrum Moskaus sieht man die Stadt im architektonischen Querschnitt. Wie herausgefal-

lene Teile eines Puzzles stehen zunächst einzelne Häuserblocks in der Gegend verstreut. Zum Stadtinnern hin verdichten sie sich zu Wohnsiedlungen von erstickender Monotonie. Doch wer im Vorbeifahren einen Blick auf eine Kirche erhascht, eines jener funkelnden Kleinodien der Moskauer Architektur, der ist schon wieder halb versöhnt. Vom Stadtrand ins Zentrum, von der Tristesse ins Leben, so erfährt der Angekommene die Gesichter der Stadt. Auf den breiten Trottoirs der zentralen Straßen schließt sich ein Kiosk an den nächsten. Hier verhökern Handelsreisende und Kleinunternehmer (*bisnessmeny*) alles, was der Weltmarkt zu bieten hat. Geschäftiges Treiben ständig und überall. Viele Moskowiter haben das Gewühle längst satt, zumal sie das Angebot nicht nutzen können: Die Ware wechselt hier nur gegen dicke Rubelbündel, Dollars oder DM den Besitzer. Im Reisenden weckt dieses Bild die Lust auf den ersten Erkundungsgang.
Weder Müdigkeit noch Hitze oder Kälte werden ihn dazu verführen, sich der dumpfen Behaglichkeit eines Hotelzimmers zu überlassen.

Weltsprache Russisch

Russisch wird fast überall in der Gemeinschaft Unabhängiger Staaten (GUS) und in den übrigen Ländern der ehemaligen Sowjetunion verstanden und ist dort ein unverzichtbares Verständigungsmittel. Deshalb wurde und wird es noch lange nicht von allen gern gesprochen. Besonders in den baltischen Ländern, wo der Anteil der russischen Bevölkerung besonders hoch ist, wird die Sprache des verhaßten Sowjetregimes so weit wie möglich zurückgedrängt. Weißrussen und Ukrainer haben dagegen wenig Probleme mit der Sprache ihres großen slawischen Bruders.
Russisch ist aber nicht nur die Sprache Lenins und Stalins, sondern auch die Puschkins und Dostojewskijs; es kann feinsinnig und derb, zynisch und humorvoll, kraftvoll und langweilig klingen. Seit der Zeit Peters des Großen, als am Zarenhof Deutsch gesprochen wurde, wurden viele Lehnwörter aus dem Deutschen übernommen: *schlagbaum*, *marschrut*, *schtrejkbrecher*. Später wurde Französisch zur Sprache der Gebildeten, wie heute noch an Wörtern wie *pljash* (Strand), *pejsash* (Landschaft) erkennbar ist. Seit Beginn des Jahrhunderts und verstärkt in den letzten Jahren macht sich vor allem der angloamerikanische Einfluß bemerkbar mit Worten wie *lider*, *brifing*, *bisness* usw. Manchmal ist die Herkunft eines Wortes schwer zu bestimmen. Ist *ssekssbomba* nun der englischen oder deutschen Sprache entlehnt? Egal, es wird so oder so verstanden.

lernen

1

sdrasstwuj *grüß dich*

sdrasstwujtje *guten Tag*

da sswidanja *auf Wiedersehen*

dobryj wetscher *guten Abend*

priwet *hallo*

paka *tschüß*

kak djela? *wie geht's?*

kak wy pashiwajetje?
wie geht es Ihnen?

nitschewo, narmalna *nicht übel*

otschen charascho *sehr gut*

sspassiba *danke*

kak wass sawut?
wie heißen Sie? / Wie heißt ihr?

kak tjebja sawut? *Wie heißt du?*

menja sawut *ich heiße*

schchassliwa *mach's gut!*

a *und, aber*

i *und, auch*

Der Universalgruß

«Sdrasstwujtje» ist neutral im Stil, höflich, aber nicht distanziert, und es paßt zu jeder Tageszeit. Wer ein wenig Abwechslung möchte, sagt statt dessen

dobraje utra guten Morgen
dobryj djen guten Tag
dobryj wetscher guten Abend

Den Gute-Nacht-Gruß kann «sdrasstwujtje» nicht ersetzen: sspakojnoj notschi.

Internationale Jugend

Junge Leute mögen es international. Anstelle von «priwet» und «paka» geht auch «hi», «bye-bye» und «ciao».

1

Reden

Begrüßung und Abschied

Sdrasstwujtje.	Guten Tag.
Sdrasstwujtje. Kak wass sawut?	*Guten Tag. Wie heißen Sie?*
Menja sawut Tanja. A wass?	Ich heiße Tanja. Und Sie?
Menja sawut Klaus.	*Ich heiße Klaus.*

Priwet.	Hallo.
Sdrasstwuj, kak djela?	*Grüß dich. Wie geht´s?*
Nitschewo, narmalna.	Nicht übel.
Kak tjebja sawut?	*Wie heißt du?*
Menja sawut Andrea. A tjebja?	Ich heiße Andrea. Und du?
Menja sawut Sserjosha.	*Ich heiße Sserjosha.*
Paka.	Tschüß.
Paka. Schchassliwa.	*Tschüß. Mach´s gut.*

Dobryj wetscher.	Guten Abend.
Sdrasstwujtje. Kak wy pashiwajetje?	*Guten Tag. Wie geht es euch?*
Sspassiba. Otschen charascho.	Danke. Sehr gut.
Kak wass sawut?	*Wie heißt ihr?*
Menja sawut Gerd.	Ich heiße Gerd.
Menja sawut Inge. A tjebja?	Ich heiße Inge. Und du?
Menja sawut Aljoscha.	*Ich heiße Aljoscha.*
Da sswidanja, Aljoscha.	Auf Wiedersehen, Aljoscha.
Paka.	*Tschüß.*

Kak wy pashiwajetje?	Wie geht es Ihnen?
Charascho, sspassiba. A wy?	*Gut, danke. Und Ihnen?*
Otschen charascho.	Sehr gut.

Kak tjebja sawut?	Wie heißt du?
Menja sawut Irina. A tjebja?	*Ich heiße Irina. Und du?*
Igor. Kak djela, Irina?	Igor. Wie geht´s, Irina?
Nitschewo, narmalna.	*Nicht übel.*

Sdrasstwuj. Kak tjebja sawut?	Grüß dich. Wie heißt du?
Ssascha. A kak tjebja sawut?	*Ssascha. Und wie heißt du?*
I menja sawut Ssascha.	Ich heiße auch Ssascha.

Üben

1

1. Welche Antwort paßt?

1. Kak wy pashiwajetje?
a da sswidanja
b otschen charascho

2. Kak tjebja sawut?
a menja sawut Irina
b paka

3. Kak djela?
a sspassiba
b nitschewo, narmalna

4. Kak wass sawut?
a narmalna
b menja sawut Igor

2. Wie sagen es die Russen?

1. Wie geht es Ihnen?
2. Ich heiße Tanja.
3. Tschüß, mach´s gut.
4. Wie heißen Sie?
5. Danke, sehr gut.
6. Hallo, wie geht´s?

3. Was gehört zusammen?

1. kak djela
2. priwet
3. schchassliwa
4. nitschewo, narmalna
5. sspassiba

a nicht übel
b danke
c wie geht´s
d hallo
e mach´s gut

4. Was fehlt? Ergänzen Sie

1. Kak wass ....?
2. .... sswidanja.
3. Kak djela? – Spassiba, ... charascho.
4. Kak djela? – Nitschewo, ...
5. .... sawut Aljoscha.

5. Sagen Sie es etwas familiärer

1. Kak wy pashiwajetje?
2. Da sswidanja.
3. Sdrasstwujtje.
4. Otschen charascho, sspassiba.
5. Dobryj wetscher.

Hallo und Guten Tag

Die Russen gelten als höfliche Leute. Moskau rangiert allerdings unter Russen nicht gerade als Hochburg der Etikette. Die Petersburger erzählen gern folgenden Witz: In der Metro steht eine Frau mit Kind und Einkaufstaschen auf, um einem jungen Burschen ihren Sitzplatz zu überlassen. Der setzt sich und fragt: «Sie sind aus Sankt Petersburg, nicht wahr?» – «Ja, woran haben Sie das erkannt?» – «Daran, daß Sie mir Ihren Platz angeboten haben.» – «Und Sie sind aus Moskau?» – «Ja, woran sehen Sie das?» – «Daran, daß Sie das Angebot angenommen haben.»

Das Shakehands zur Begrüßung ist hauptsächlich unter Männern üblich, Frauen werden oft nur mit einem Kopfnicken bedacht. Die Umarmung mit Bruderkuß unter Fremden ist natürlich passé. Nur enge Freunde und Freundinnen begrüßen sich mit Umarmung und Kuß. Frauen grüßen sich untereinander mit Worten, wenn sie sich nicht gut kennen.

Die Gefahr, als Ausländer ins Fettnäpfchen zu treten, ist ziemlich gering, und wer ein paar Grundsätze beherzigt, wird mit Russen gut auskommen und zusammenarbeiten:

1. Sicher ist nur die Vergangenheit. Termine platzen, Pläne werden umgeworfen, eine scheinbar klare Situation stellt sich plötzlich in völlig neuem Licht dar, neue Hindernisse türmen sich auf. Mit viel Flexibilität und Phantasie lassen sich hier Enttäuschungen vermeiden.
2. Ungeduld ist die Mutter des Herzinfarkts. Russen bewundern deutsche Gründlichkeit, Effizienz und Pünktlichkeit. Das bedeutet aber nicht, daß sie diese Eigenschaften übernehmen wollen. Viele deutsche Geschäftsleute, die mit Russen zusammenarbeiten möchten, erleiden mit ihrer Hoppla-hier-komm-ich-Mentalität Schiffbruch. Diejenigen aber, die einen langen Atem beweisen und bereit sind, ein wenig von russischer Gelassenheit, russischem Humor und Optimismus zu lernen, finden durchaus zuverlässige Partner, in jedem Fall aber Freunde fürs Leben.
3. Plan und Erlebnis sind sich feind. Bei vielen Veranstaltern wird der Reisende minuziös verplant. Frühstück, Fahrt zur Dingsda-Kathedrale, Mittagessen, Fahrt zum Soundso-Museum, Abendessen, Gesprächstermin mit Vertretern der Blabla-Organisation – so läßt sich Rußland nicht wirklich erleben. Durch die Stadt streichen, das Gespräch mit Russen suchen, spontan Einladungen annehmen, auch wenn eine Besichtigungstour geplant war – so kann auch der Kurzzeittourist Eindrücke und Erfahrungen gewinnen, von denen er lange zehren wird.

atkuda wy? *woher kommen Sie?*

ja is Germanii
ich bin aus Deutschland

wy gawaritje pa-russki?
sprechen Sie russisch?

da *ja*

njet *nein*

nje *nicht*

tschutj-tschutj *ein wenig*

toshe *auch*

tolka *nur, erst*

ja nje panimaju
ich verstehe nicht

ja gawarju *ich spreche*

pa-nemjezki *(auf) deutsch*

pa-anglijsski *(auf) englisch*

pa-franzusski *(auf) französisch*

ich, du & Co.

ja ich
ty du
on, ana, ano er, sie, es
my wir
wy ihr, Sie
ani sie

Gegenwart ganz leicht

Die Gegenwartsformen des Hilfsverbs **bytj** (sein) werden bis auf eine (jesstj = ist) nicht benutzt. So entstehen Sätze im Telegrammstil, die wörtlich übersetzt an schlechtes Ausländerdeutsch erinnern:

ja is Germanii ich aus Deutschland oder
on – inshenjer er Ingenieur

Länderkunde

Germanija – is Germanii Deutschland – aus Deutschland
Awsstrija – is Awsstrii Österreich – aus Österreich
Schwejzarija – is Schwejzarii Schweiz
Franzija – is Franzii Frankreich
Anglija – is Anglii England
Italija – is Italii Italien
Amerika – is Ameriki Amerika
Rassija – is Rassii Rußland

Sich vorstellen

Sdrasstwujtje, kak wass sawut ?	Guten Tag, wie heißen Sie?
Menja sawut Jens Becker.	*Ich heiße Jens Becker.*
Wy is Germanii?	Sind Sie aus Deutschland?
Da, ja is Germanii.	*Ja, ich bin aus Deutschland.*
Wy gawaritje pa-russki?	Sprechen Sie Russisch?
Tschutj-tschutj.	*Ein wenig.*
A ja panimaju tschutj-tschutj pa-nemjezki.	Und ich verstehe ein wenig Deutsch.

Atkuda wy? Is Germanii?	Woher sind Sie? Aus Deutschland?
Njet, ja is Awsstrii.	*Nein, ich bin aus Österreich.*
Wy gawaritje pa-russki?	Sprechen Sie Russisch?
Tschutj-tschutj. A wy gawaritje pa-nemjezki?	*Ein wenig. Und Sie sprechen Deutsch?*
Njet, tolka pa-anglijsski.	Nein, nur Englisch.

Atkuda wy?	Woher sind Sie?
Ja is Rassii. A wy?	*Ich bin aus Rußland. Und Sie?*
Ja is Ameriki.	Ich bin aus Amerika.
Wy gawaritje pa-russki?	*Sprechen Sie Russisch?*
Da, tschutj-tschutj.	Ja, ein wenig.
Ja gawarju pa-franzusski i pa-nemjezki.	*Ich spreche Französisch und Deutsch.*
Ja toshe panimaju tschutj-tschutj pa-nemjezki.	Ich verstehe auch ein wenig Deutsch.

Wie bitte?

Wenn Sie nach den ersten zaghaften Worten mit einem Ihnen unverständlichen Wortschwall überschüttet werden, hilft nur eines: **«Medlenneje, pashalyssta.»** – «Langsamer, bitte.»

Anrede

Junge Leute bis etwa vierzig Jahre kann man höflich mit «Djewuschka!» (junge Dame) bzw. «Maladoj tschelawek!» (junger Mann) anreden. Die für Ältere oft gebrauchte Anrede «Shenschchina!» (Frau) und «Muschchina!» (Mann) ist nicht sehr höflich. Besser ist es, den Namen zu benutzen oder die direkte Anrede zu vermeiden.

Üben

2

1. Antworten Sie auf die Frage

1. Wy gawaritje pa-russki? Da, ja ....
2. Wy gawaritje pa-anglijsski? Njet, ja nje ....
3. Wy gawaritje pa-nemjezki? Da, ja..............................
4. Wy gawaritje pa-franzusski? Njet, ja nje ....

2. Antworten Sie auf die Frage «Wy gawaritje pa-russki?»

1. Ja, ich spreche Russisch. **2.** Nein, ich spreche kein Russisch. **3.** Ein wenig. **4.** Nein, nur Englisch. **5.** Ich verstehe ein wenig.

3. Atkuda wy?

1. Wy is Germanii? – Njet, ja is .... (Awsstrija)
2. On is Franzii? – Njet, on is .... (Italija)
3. Ty is Anglii? – Njet, ja is .... (Amerika)
4. Wy is Schwejzarii? – Njet, my is .... (Germanija)
5. Ani is Italii? – Njet, ani is .... (Anglija)
6. Ana is Awsstrii? – Njet ana is .... (Schwejzarija)

4. Setzen Sie das persönliche Fürwort in die Mehrzahl

1.on i .... **2.**ty i .... **3.**ja i .... **4.**ana i .... **5.**wy i ....

5. Welches Wort paßt in die Lücke?

1. My .... Germanii.
2. Ja nje gawarju ......-russki.
3. Ja panimaju .... pa-nemjezki.
4. ...., ja nje is Italii.
5. Wy is Awsstrii? Ja ....

Aussprache

Den deutschen ng-Laut gibt es im Russischen nicht. Das *-ng-* in *anglijsski* klingt wie in *an**g**eben.* Gleiches gilt für die Verbindung *-nk-* . Also wird auch *bank* nicht wie *Bank*, sondern wie in *Bahnkarte* gesprochen. Aufeinanderfolgende Vokale werden getrennt gesprochen: bei Germanii, Rassii usw. sind jeweils zwei «i» zu hören.

«Ty» i «Wy» – «Du» und «Sie»

Russische Namen bestehen aus dem Vornamen (*imja*), dem Vatersnamen (*otschesstwa*) und dem Nachnamen (*familija*): Ljew Nikolajewitsch Tolstoj, Anna Andrejewna Achmatowa. Förmlich redet man sich mit Vor- und Vatersnamen an. Im privaten Umgang wird auch der bloße Vorname in Kombination mit *wy* (Sie) als höflich akzeptiert. Russen stellen sich mal mit Vor- und Nachnamen, mal mit Vor- und Vatersnamen, mal nur mit dem Vornamen vor. Letzteres ist aber noch lange keine Aufforderung zum Du. Die während der über siebzig Jahre Sowjetherrschaft übliche Anrede *tawarischch* (Kamerad, Genosse) plus Nachname gilt heute als Beleidigung. Dagegen ist die Anrede *gasspadin* (Herr) und *gasspasha* (Frau) plus Nachname auf dem Vormarsch, die früher nur bei Ausländern angewendet wurde. Als Ausländer sollte man sich dennoch immer auch mit dem Vornamen vorstellen und die Anrede mit demselben nicht als plumpe Vertraulichkeit mißverstehen. Wenn sich eine gewisse Vertrautheit eingestellt hat, gehen Russen ohne förmliche Erklärung zum Du über. In der Familie und im Freundeskreis ist die Anrede mit *ty* und dem Kosenamen üblich, also *Aljoscha* statt *Alekssej*, *Galja* statt *Galina*, *Pascha* statt *Pawel* usw.

Berufswelt – Männerwelt?

Mit der Frage nach dem Beruf tritt man russischen Frauen nicht zu nahe, denn über neunzig Prozent sind berufstätig und erledigen den Haushalt nebenbei. Hausfrau als Beruf, das ist in Rußland eine Seltenheit. Frauen arbeiten in fast allen Berufen, als Anstreicherin, Mechanikerin, bei der Müllabfuhr ebenso wie auf dem Bau oder in der Wissenschaft. Weibliche Berufsbezeichnungen sind allerdings bis auf einige typisch weibliche Berufe unüblich (Sekretärin, Putzfrau, Krankenschwester, Lehrerin, Prostituierte). Die über sechzig Prozent Vertreterinnen der Ärzteschaft nennen sich alle *wratsch*. Frauen werden dennoch – wie überall in der Welt – für die gleiche Arbeit oft schlechter bezahlt als ihre männlichen Kollegen. Und nach Feierabend herrscht das klassische Bild vor: Die Frau kümmert sich um Haushalt und Kinder, der Gatte erholt sich von der Strapaze eines langen Arbeitstages.

«Sie» und «ihr»

«Wy» ist deutsch sowohl *ihr* als auch *Sie*.

Wy gawaritje pa-russki?	*Sprechen Sie / sprecht ihr Russisch?*
Kak wass sawut?	*Wie heißen Sie / heißt ihr?*

Bei mehreren Personen spielt das «Du» oder «Sie» keine Rolle.

prafessija *Beruf*

kto wy pa prafessii? *was sind Sie von Beruf?*

sstudjent *Student*

sstudjentka *Studentin*

prepadawatjelj *Lehrer*

inshenjer *Ingenieur*

wratsch *Arzt*

medssesstra *Krankenschwester*

ssekretarscha *Sekretärin*

äta interessna *das ist interessant*

u *bei*

bytj, jesstj *sein, ist*

u wass jesstj *haben Sie ...?*

u nass jesstj *wir haben*

mush *Ehemann*

shena *Ehefrau*

djeti *Kinder*

ssyn *Sohn*

dotsch *Tochter*

«bytj» ili nje «bytj» – sein oder nicht sein

Ein Gedankenstrich steht an der Stelle einer Form des Hilfsverbs *bytj*, wenn auf beiden Seiten Hauptwörter oder Fürworter im Nominativ (1. Fall) stehen:

On – inshenjer.	Er ist Ingenieur.
Ty – studjent?	Bist du Student?
Shena – wratsch.	Die Ehefrau ist Ärztin.

Vorname und Kosename

Natalja – Natascha
Jekaterina – Katja
Tatjana – Tanja
Marija – Mascha
Ssofja – Ssonja
Alekssandra – Ssascha
Jewgenija – Shenja
Irina – Ira, Irischa
Olga – Olja
Ljubow – Ljuba

Wladimir – Walodja
Iwan – Wanja
Ssergej – Sserjosha
Alekssandr – Ssascha
Alekssej – Aljoscha
Nikolaj – Kolja
Konstantin – Kostja
Jewgenij – Shenja
Dmitrij – Mitja, Dima
Viktor – Vitja

Übrigens: Sonja oder Ssonja ist nicht nur die Koseform von Ssofja, es ist auch eine Ableitung von *sson* (Schlaf) und bedeutet «Schlafmütze».

Reden

Bekanntschaften

Kto wy pa prafessii?	Was sind Sie von Beruf?
Ja – inshenjer. A wy?	*Ich bin Ingenieur. Und Sie?*
Ja – sstudjentka. A shena?	Ich bin Studentin. Und Ihre Frau?
Shena – wratsch.	*Meine Frau ist Ärztin.*

Kto wy pa prafessii?	Was sind Sie von Beruf?
Ja – wratsch. A wy?	*Ich bin Arzt. Und Sie?*
Ja – medssesstra. A mush toshe wratsch.	Ich bin Krankenschwester. Aber mein Mann ist auch Arzt.
Äta interessna.	*Das ist interessant.*
Da, da, otschen interessna.	Ja, ja, sehr interessant.

U wass jesstj djeti?	Haben Sie Kinder?
Da, ssyn i dotsch. A u wass?	*Ja, einen Sohn und eine Tochter. Und Sie?*
U nass jesstj dotsch. Ana – sstudjentka.	Wir haben eine Tochter. Sie ist Studentin.
A kto wy pa prafessii?	*Und was sind Sie von Beruf?*
Ja – prepadawatjelj.	Ich bin Lehrer.
Äta interessna. Ja toshe prepadawatjelj.	*Das ist interessant. Ich bin auch Lehrerin.*

Wy – prepadawatjelj?	Sind Sie Lehrer?
Njet, ja inshenjer. A wy?	*Nein, ich bin Ingenieur. Und Sie?*
Ja – medssesstra.	Ich bin Krankenschwester.
U wass jesstj djeti?	*Haben Sie Kinder?*
U menja jesstj dotsch.	Ich habe eine Tochter.
Kto ana pa prafessii?	*Was ist sie von Beruf?*
Ana – ssekretarscha.	Sie ist Sekretärin.
Interessna. U menja jesstj dotsch. Ana toshe ssekretarscha.	*Interessant, ich habe eine Tochter. Sie ist auch Sekretärin.*

Ein Wort für alle Fälle: «äta»

Äta.	*Das da.*
Äta – mama.	*Das ist die Mama.*
Äta charascho.	*Das ist gut.*

Üben

3

1. Ergänzen Sie

1. Kto wy pa...............? (Beruf)
2. U wass .... djeti? (haben)
3. Äta otschen .... (interessant)
4. Wy wratsch? Ja .... wratsch. (auch)
5. U nass jesstj ssyn.................. dotsch. (und)

2. Welches Wort paßt nicht in die Reihe?

1. sstudjent, medssesstra, prepadawatjelj, toshe, inshenjer
2. ssyn, wratsch, dotsch, mush, djeti
3. Italija, Germanija, Amerika, prafessija, Awsstrija.
4. my, ano, ja, ani, a

3. Übersetzen Sie

1. Welchen Beruf haben Sie? **2.** Ich bin Krankenschwester.
3. Das ist sehr interessant. **4.** Wir haben nur einen Sohn.

4. Richtig oder falsch?

1. Kto my pa prafessii?
2. On – sstudjentka.
3. Kak djela? – Nitschewo, otschen.
4. Ana toshe wratsch.
5. Kak wass sawut?

5. Gleich und gleich ...

1. mush i ....
2. sstudjent i ....
3. ssyn i ....
4. wratsch i ....
5. on i ....

6. Erraten Sie den Vornamen?

1. Ssascha **2.** Mascha **3.** Kolja **4.** Nadja **5.** Walodja
6. Shenja **7.** Katja

haben = bei mir ist

u menja (jesstj)	*ich habe*	**u tjebja (jesstj)**	*du hast*
u nass (jesstj)	*wir haben*	**u was (jesstj)**	*ihr habt / Sie haben*

Die Form *jesstj* betont die Existenz einer Sache oder Person, fällt aber weg, wenn Sache oder Person näher bestimmt sind.

u menja jesstj prafessija *ich habe einen Beruf* aber:
u menja interessnaja prafessija *ich habe einen interessanten Beruf*

Z

Alle Wörter

Begrüßung & Abschied

guten Tag *sdrasstwujtje*

hallo *sdrasstwuj*

auf Wiedersehen *da sswidanja*

guten Abend *dobryj wet-scher*

hallo *priwet*

tschüs *paka*

mach´s gut *schchassliwa*

wie geht´s? *kak djela?*

wie geht es Ihnen? *kak wy pashiwajetje?*

Beruf & Familie

Beruf *prafessija*

Student *sstudjent*

Ingenieur *inshenjer*

Arzt *wratsch*

Lehrer *prepadawatjelj*

Kranken-schwester *medssesstra*

Sekretärin *ssekretarscha*

Kinder *djeti*

Sohn *ssyn*

Tochter *dotsch*

Ehemann *mush*

Ehefrau *shena*

Kleine Wörter

nicht übel *nitschewo, nar-malna*

sehr gut *otschen cha-rascho*

danke *sspassiba*

und, aber *a*

und, auch *i*

ja *da*

nein *njet*

nicht *nje*

ein wenig *tschutj-tschutj*

nur *tolka*

auch *toshe*

woher? *atkuda*

bei *u*

Geographie

Deutschland *Germanija*

Rußland *Rassija*

Frankreich *Franzija*

England *Anglija*

Italien *Italija*

Österreich *Awsstrija*

Schweiz *Schwejzarija*

Amerika *Amerika*

(auf) deutsch *pa-nemjezki*

(auf) russisch *pa-russki*

(auf) englisch *pa-anglijsski*

(auf) franzö-sisch *pa-franzusski*

Verb & Co.

wie heißen Sie? *kak wass sawut?*

wie heißt du? *kak tjebja sawut?*

ich heiße ... *menja sawut...*

sprechen Sie russisch? *wy gawaritje pa-russki?*

ich verstehe nicht *ja nje panimaju*

ich spreche *ja gawarju*

was sind Sie von Beruf? *kto wy pa prafessii?*

sein, ist *bytj, jesstj*

wir haben / Sie haben *u nass (jesstj) / u wass (jesstj)*

interessant *interessna*

Zum Üben der Buchstaben bedecken Sie immer zuerst die Spalten mit Umschrift und Übersetzung mit einem Blatt. Sprechen Sie das gelesene Wort laut aus und kontrollieren Sie dann erst, ob Sie es richtig entziffert haben.

Erste Gruppe: Buchstaben, die mit dem lateinischen Alphabet fast übereinstimmen.

А а	A a	**Т т**	T t
Е е	E e	**М м**	M m
О о	O o	**К к**	K k

1. Das können Sie auf Anhieb lesen

мама	mama	Mama
та	ta	jene
как	kak	wie
тот	tot	jener
кто	kto	wer
там	tam	dort
так	tak	so
тема	tjema	Thema
том	tom	Buchband
кот	kot	Katze

2. Sätze und Wortverbindungen

Там мама.	Tam mama.	Da ist Mama.
Кто там?	Kto tam?	Wer ist da?
тот том	tot tom	jener Band
так как	tak kak	weil
Там кот.	tam kot.	Da ist eine Katze.
та тема	ta tjema	jenes Thema

Hier sind alle Buchstaben verlangt:

3. Russische Vornamen

Иван	Iwan	**Виктор**	Wiktor
Таня	Tanja	**Александр**	Alekssandr
Екатерина	Jekaterina	**Ирина**	Irina

4. Heiteres Beruferaten

инженер	inshenjer	Ingenieur
врач	wratsch	Arzt
миллионер	millianjer	Millionär
юрист	jurisst	Jurist
бухгалтер	buchgalter	Buchhalter

Ⓩ Hier fehlt's

Lesen Sie sich den Text durch, und tragen Sie die fehlenden Wörter ein. Wenn Sie nicht mehr weiterwissen, dann dürfen Sie auf der nächsten Seite spicken:

Wsstretschi

Dialog 1

Sdrasstwujtje, Alekssej Michajlowitsch. Kak wy pashiwajetje?
Sdrasstwujtje, Marija Iwanowna. Otschen ...., sspassiba. A wy?
Nitschewo, narmalna. .... wy pa prafessii?
Ja – inshenjer. A wy?
Ja – wratsch. A mush toshe inshenjer.
Äta otschen interessna. U wass .... djeti?
Da, ssyn i .... A u wass toshe?
U .... jesstj tolka ssyn.
Da sswidanja, Alekssej Michajlowitsch.
Da .... , Marija Iwanowna.

Dialog 2

Priwet. Kak tjebja ....?
Sdrasstwuj. Menja sawut Lisa. A tjebja?
Menja sawut Ssascha. Atkuda ...., Lisa?
Ja .... Germanii. Ja gawarju pa-nemjezki.
Ja nje .... pa-nemjezki, tolka pa-russki.
A pa-anglijsski?
Pa-anglijsski ja tschutj-tschutj panimaju.
Da sswidanja, Ssascha.
Paka. Schchassliwa.

Dialog 3

Dobryj wetscher. Kak ....?
Nitschewo, narmalna. Kak wass sawut?
Menja sawut Bernd Meier. A ....?
Menja sawut Irina Michajlowna. Atkuda wy, Bernd?
Ja .... Awsstrii.
Wy charascho .... pa-russki.
Njet, ja tolka .... gawarju pa-russki.
A wy gawaritje pa-nemjezki?
Njet, ... pa-anglijsski. Kto wy pa ....?
Ja – prepadawatjelj. A wy?
Ja – sstudjentka. .... sswidanja, Bernd.

Paka. Schchassliwa.

Hier steht's

Hören Sie sich die Dialoge an, vergleichen Sie die Lösungen, die Sie gefunden haben, und plappern Sie einfach nach:

Begegnungen

Dialog 1

Sdrasstwujtje, Iwan Ssergejewitsch. Kak wy pashiwajetje?
Sdrasstwujtje, Irina Alekssandrowna. Charascho, sspassiba. A wy?
Nitschewo, narmalna. Kto wy pa prafessii?
Ja - prepadawatjelj. A wy?
Ja - medssestra. A mush toshe prepadawatjelj.
Äta otschen interessna. U wass jesstj djeti?
Da, ssyn i dotsch. A u wass?
U nass jesstj tolka ssyn.
Da sswidanja, Iwan Ssergejewitsch.
Da sswidanja, Irina Alekssandrowna.

Dialog 2

Priwet. Kak tjebja sawut?
Sdrasstwuj. Menja sawut Tanja. A tjebja?
Menja sawut Kolja. Atkuda ty, Tanja?
Ja is Awsstrii. Ja gawarju pa-nemjezki.
Ja nje gawarju pa-nemjezki, tolka pa-russki.
A pa-franzusski?
Pa-franzusski ja tschutj-tschutj panimaju.
Da sswidanja, Kolja.
Paka. Schchassliwa.

Dialog 3

Dobryj wetscher. Kak djela?
Nitschewo, narmalna. Kak wass sawut?
Menja sawut Michael Arndt. A wass?
Menja sawut Galina Nikalajewna. Atkuda wy, Michael?
Ja is Schwejzarii.
Wy charascho gawaritje pa-russki.
Njet, ja tolka tschutj-tschutj gawarju pa-russki.
A wy gawaritje pa-nemjezki?
Njet, tolka pa-anglijsski. Kto wy pa prafessii?
Ja - wratsch. A wy?
Ja - inshenjer. Da sswidanja, Michael.
Paka. Schchassliwa.

Z

Prüfstand

1. Fragen Sie Ihren Gesprächspartner

1. nach dem Namen.
2. nach dem Beruf.
3. ob er Kinder hat.
4. woher er kommt.
5. wie es ihm geht.

2. Haben Sie aufgepaßt?

1. Die Begrüßungsformel «sdrasstwujtje»

a sollte man möglichst vermeiden.
b kann man durch ein herzliches „Grüß Gott" ersetzen.
c ist eines der schwierigsten russischen Wörter.

2. «Scheremetjewa Dwa»

a heißt der Moskauer Auslandsflughafen.
b ist ein Kloster in der Nähe von Moskau.
c bedeutet «Herzlich willkommen».

3. Die moderne männliche Anredeform lautet

a tawarischch
b muschchina
c gasspadin

4. Frauen begrüßt man in Rußland

a grundsätzlich mit Handkuß.
b mit einem Klaps auf den Po.
c mit einem leichten Kopfnicken.

5. Einander fremde Russen reden sich

a mit dem Kosenamen an.
b mit Vor- und Vatersnamen an.
c mit Vor- und Nachnamen an.

3. Sagen Sie es auf deutsch

1. Sdrasstwujtje. **2.** Menja sawut Irina Nikalajewna. **3.** Ja is Rassii. **4.** Ja – wratsch. **5.** Ja gawarju pa-russki i pa-franzusski. **6.** Ja nje gawarju panemjezki, a tschutj-tschutj panimaju. **7.** U menja jesstj djeti, dotsch i ssyn. **8.** Dotsch – sstudjentka, a ssyn – inshenjer. **9.** Wy is Germanii? **10.** Dabro pashalawatj.

4. Zu welcher Frage gehört die Antwort?

1. Da, ssyn i dotsch.
a U wass jesstj djeti?
b Atkuda wy?
c Kak wass sawut?

2. Njet, tolka pa-russki.
a Kak djela?
b Wy gawaritje pa-nemjezki?
c Wy is Germanii?

3. Menja sawut Irina.
a Kto wy pa prafessii?
b Kak tjebja sawut?
c U wass jesstj djeti?

4. Ja – prepadawatjelj.
a Atkuda wy?
b Kak wy pashiwajetje?
c Kto wy pa prafessii?

5. Ja is Germanii.
a Wy – inshenjer?
b Atkuda wy?
c Kak wass sawut?

5. Rätsel

1. Das wünscht man sich zum Abschied
2. Etwas mehr als gar nichts
3. In diesem Land erschien «Doktor Shiwago» zuerst
4. Jeder Arzt ist auf sie angewiesen
5. Ohne sie gibt es keine Eltern
6. Es bringt Geld und manchmal auch Spaß

6. Wie geht der Satz weiter?

1. Wy charascho
2. U nas jesstj djeti,
3. Shena – wratsch, a
4. Ja tschutj-tschutj panimaju pa-russki
5. Menja sawut Igor,

a mush – inshenjer.
b i charascho gawarju pa-anglijsski.
c gawaritje pa-russki.
d a wass?
e ssyn i dotsch.

Pajechali
Auf geht´s

Schon immer hat Rußland auf seine westlichen Nachbarn besonderen Reiz ausgeübt, denn zwischen Europa und Asien war dieses Land wechselnden Einflüssen ausgesetzt. Bereits vor Hunderten von Jahren reisten mutige Männer aus Westeuropa in Pferdekutschen gen Osten: Abenteurer, Missionare und Abgesandte, die ihren Fürsten und Königen über die Verhältnisse in dem unbekannten Riesenreich Bericht erstatten sollten. Von Byzanz christianisiert und lange von Mongolen beherrscht, richteten sich die russischen Fürstentümer und später der russische Staat kulturell, geistig und politisch immer stärker nach Europa aus, nicht immer zur Freude seiner westlichen Nachbarn. Die Verbindung zwischen Deutschland und Rußland blieb lange eine Einbahnstraße. Während mit Katharina II. eine anhaltische Prinzessin über ganz Rußland herrschte, blieb der Einfluß russischer Politik und Kultur in Preußen und im Deutschen Reich begrenzt. Im 20. Jahrhundert wurde das Verhältnis in zwei schrecklichen Kriegen auf die härteste Probe gestellt. Der Angriff Nazi-Deutschlands im Zweiten Weltkrieg kostete die Sowjetunion über

25 Millionen Menschenleben. Aber weder dies noch die jahrzehntelange politische Abschottung der Sowjetunion konnte das tiefe gegenseitige Interesse oder die Begegnung der Menschen völlig unterbinden.
Durch die politische Öffnung der letzten Jahre ist uns Rußland nähergerückt. Der Reiseverkehr hat sich ausgeweitet, das touristische Angebot ist vielfältig. Das Fremde, Geheimnisvolle aber ist geblieben.
Auch nach dem Zusammenbruch der Sowjetunion ist der russische Staat ein Land von aberwitziger Ausdehnung. Zwischen Brest an der polnischen Grenze und dem Kap Deshnjew an der Beringstraße liegen zehntausend Kilometer und zehn Stunden Zeitverschiebung. Interessant für Statistiker: 147 Millionen Einwohner verteilen sich auf 17,1 Millionen Quadratkilometer Land. Damit hat Rußland nicht einmal doppelt so viele Einwohner wie Deutschland, ist aber fast achtundvierzigmal so groß. Auch nach der Abspaltung der anderen Sowjetrepubliken ist Rußland ein Vielvölkerstaat geblieben. Da sind unter anderen die Baschkiren, Burjäten, Jakuten, Deutschen, Koreaner und im äußersten

Nordosten die Tschuktschen, die als Ostfriesen Rußlands die Zielscheibe zahlreicher Anekdoten sind.

Der Tourismus konzentriert sich auf wenige Großstädte, allen voran Moskau und Sankt Petersburg, das im Volksmund «Piter» heißt, und die altrussischen Städte, der sogenannte «Goldene Ring». Der Klassiker unter den Rußlandreisen ist nach wie vor eine Fahrt mit der Transsibirischen Eisenbahn, der «Transsib». Heute bieten Reiseveranstalter aber auch Fahrten in die einst verbotene Stadt Königsberg (Kaliningrad), Flußkreuzfahrten, Wandertouren in Sibirien, Badeurlaub am Schwarzen Meer und anderes an.

Auf Individualreisende ist Rußland nicht recht eingestellt, egal, ob sie mit dem Auto, per Schiff, Flugzeug oder Zug kommen, an einem Ort bleiben oder quer durch das Land reisen wollen. Der Trip mit dem eigenen Auto verlangt viel Vorplanung, Mut und Geduld. In manchen Gegenden geht es zu wie einst im Wilden Westen. Da werden Eisenbahnzüge von berittenen oder motorisierten Horden überfallen, Reisende ausgeraubt, geparkte Autos ausgeschlachtet oder komplett gestohlen. Eine solche Reise ist eigentlich nur für schwerbewaffnete Automechaniker mit fließenden Russischkenntnissen und Geländewagen zu empfehlen. Auch für Städtereisen lohnt die Individualbuchung meist nicht. Der bloße Flug kostet oft mehr als ein Pauschalangebot mit Flug, Hotel, Vollpension und Tagesprogramm. Hotelzimmer sind – einzeln gebucht – heillos überteuert. Die Mobilität wird auch dadurch erschwert, daß Zugfahrkarten oft wochenlang im voraus bestellt werden müssen. Wer sich dennoch nicht zu einer Pauschalbuchung entschließen mag und etwas mehr Zeit hat, versuche einen Sprachkurs. Nachteil: mit anderen Deutschen stundenlang Russischvokabeln büffeln, das kann man mit weniger Geld und Aufwand auch in einer deutschen Volkshochschule. Interessant macht solche Reisen aber die Unterbringung in Studentenwohnheimen oder privat, am besten mit Familienanschluß. Das ist zwar weniger komfortabel als ein Hotel, vermittelt aber Eindrücke und Kontakte, die kein Kulturprogramm bieten kann.
Private Zimmer und Wohnungen werden von Deutschland aus nicht vermittelt; auch in Rußland gibt es noch keine großen Vermittlungsagenturen. In russischen Zeitungen werden Zimmer und Wohnungen zuhauf angeboten, davon ist aber abzuraten. Zuverlässiger ist die Vermittlung durch Bekannte. In jedem Fall ist es besser, erst am Ende des Aufenthalts zu zahlen. Wie auch immer man nach Rußland reist, pauschal oder individuell, geschäftlich oder privat, jeder Aufenthalt ist etwas Besonderes, anders als das gewohnte Leben – russisch eben.

gdje? *wo?*
w *in*
na *auf, an*
wy byli *Sie waren, ihr wart*
ushä *schon*
w perwyj ras *zum ersten Mal*
jeschcho *noch*
tam *dort, da*
maschyna *Auto*
pojesd *Zug*
my jesdili, wy jesdili
wir fuhren, Sie fuhren
morje *Meer*

Vergangenheit von bytj = sein

ja byl / byla	*ich war (männl./weibl. Form)*
ty byl / byla	*du warst*
on byl, ana byla, ano byla	*er, sie, es war*
my byli	*wir waren*
wy byli	*ihr wart, Sie waren*
ani byli	*sie waren*

«w» und «na» auf die Frage «gdje?» und «kak?»

Nach *w* und *na* auf die Frage wo? und wie? (Präpositiv) erhalten die Hauptwörter in der Einzahl ein *-e* bzw. *-je*:

pojesd – na pojesdje
Maskwa – w Maskwe
morje – na morje

Nur Hauptwörter auf *-ja*, *-tj* erhalten ein *-i*:

Rassija – w Rassii
prafessija – w prafessii
glassnosstj – w glassnossti (Transparenz)

nje und njet

Bei der Verneinung steht *nje* vor dem verneinten Wort:

On nje inshenjer.	*Er ist kein Ingenieur.*
Ja gawarju nje pa-russki, a pa-franzusski.	*Ich spreche nicht russisch, aber französisch.*
My byli nje w Italii, a w Rassii.	*Wir waren nicht in Italien, sondern in Rußland.*

Wird der ganze Satz verneint, steht *nje* vor dem Verb:

Ja nje gawarju pa-russki.	*Ich spreche nicht russisch.*
My jeschcho nje byli w Italii.	*Wir waren noch nicht in Italien.*

Njet kann neben *nein* auch *nicht*, *ist nicht* oder *kein* bedeuten:

Ana byla tam, a on njet.	*Sie war dort, aber er nicht.*
U menja nitschewo njet.	*Ich habe nichts.*
U nass njet maschyny.	*Wir haben kein Auto.*

«Waren Sie schon in ....?»

Wy w perwyj ras w Masskwe?	Sind Sie zum ersten Mal in Moskau?
Da, ja w perwyj ras w Masskwe.	*Ja, ich bin zum ersten Mal in Moskau.*
A w Ssankt Peterburgje wy ushä byli?	Aber in Sankt Petersburg waren Sie schon?
Njet, tam ja jeschcho nje byla. Gdje äta, na morje?	*Nein, dort war ich noch nicht. Wo liegt das, am Meer?*
Da, na morje i na Njewje.	Ja, am Meer und an der Newa.

Wy w perwyj ras w Rassii?	Sind Sie zum ersten Mal in Rußland?
Njet, my ushä byli w Rassii.	*Nein, wir waren schon in Rußland.*
Gdje wy byli?	Wo waren Sie?
W Masskwe, w Ssankt Peterburgje, w Kiewje…	*In Moskau, in Sankt Petersburg, in Kiew…*
Kiew? Äta nje Rassija. Äta Ukraina.	Kiew? Das ist nicht Rußland, das ist die Ukraine.
Aha, äta na Ukrainje.	*Ach ja, das liegt in der Ukraine.*

Ty ushä byl w Wolgagradje?	Warst du schon in Wolgograd?
Njet, ja jeschcho nje byl tam. Gdje äta, na morje?	*Nein, ich war noch nicht dort. Wo liegt das, am Meer?*
Njet, äta na Wolgje. Ja byla tam.	Nein, das liegt an der Wolga. Ich war dort.
Kak wy jesdili, na maschynje?	*Wie fuhrt ihr, mit dem Auto?*
Njet, my jesdili na pojesdje.	Nein, wir fuhren mit dem Zug.

wo und wie?

w Masskwe *in Moskau*
w Irkutsskje *in Irkutsk*
w Wolgagradje *in Wolgograd*
w Mjunchenje *in München*
w Amerikje *in Amerika*
w Germanii *in Deutschland*
w Rassii *in Rußland*

na Ukrainje *in der Ukraine (Ausnahme!)*
na morje *am Meer*
na Wolgje *an der Wolga*
na Njewje *an der Newa*
na maschynje *mit dem Auto*
na pojesdje *mit dem Zug*

Üben

(4)

1. Welche Antwort paßt?

1. Kiew, äta w Rassii?
a Njet, äta na Ukrainje.
b Njet, na maschynje.

2. Wy w perwyj ras w Masskwe?
a Da, äta na morje.
b Njet, my ushä byli w Masskwe.

3. Ty ushä byl w Amerikje?
a Nje, ja jeschcho nje byl tam.
b Da, äta w Rassii.

4. Ssankt Peterburg na morje?
a Da, my ushä byli tam.
b Da, äta na morje i na Njewje.

5. Wy jesdili na pojesdje?
a Njet, na maschynje.
b Da, na Wolgje.

2. Übersetzen Sie

1. My w perwyj ras w Rassii. **2.** My ushä byli w Masskwe i w «Piterje». **3.** «Piter» – äta Ssankt Peterburg. **4.** My jesdili na pojesdje. **5.** W Wolgagradje my jeschcho nje byli.

3. Verneinen Sie

1. Da, äta w Rassii.	Njet, äta nje ...
2. Da, ja ushä byla tam.	Njet, ja jeschcho ......
3. Da, my w perwyj ras w Masskwe.	Njet, my ....
4. Da, äta na morje.	Njet, äta ......
5. Da, my jesdili na maschynje.	Njet, my ....

4. Setzen Sie die passende Vergangenheitsform von «bytj» ein

1. Wy ushä .... w Italii? **2.** Ana nje .... tam. **3.** Inshenjer .... w perwyj ras na morje. **4.** U nass ....djeti. **5.** Gdje ani ....?

5. «byli» oder «jesdili»?

1. Gdje wy .... w Rassii? **2.** Wy .... na pojesdje? **3.** My w perwyj ras .... na morje. **4.** Wy jeschcho nje .... na maschynje? **5.** My ushä .... w Wolgagradje.

Auf geht's

Jeder Aufbruch zu neuen Taten braucht ein Startzeichen!

Pajechali! *Auf geht's! Fahren wir!*
Paschli! *Los! Gehen wir!*
Pajdjom! *Gehen wir!*

5 Lesen

Im Hotel

Eine ruhige Nebenstraße im Zentrum von Wolgograd. Das Hotel mit der unauffälligen Fassade ist nicht eben eine erste Adresse, aber auch keine Absteige. In der geräumigen Empfangshalle künden Kofferberge von der Ankunft einer ausländischen Reisegruppe. Nach der Zimmerverteilung bringt ein ratternder Aufzug die Gäste und ihr Gepäck schubweise in fünf Stockwerke mit langen Korridoren, alle ausgelegt mit dunkelrotem, verschossenem Filz. Die Korridore führen zu je zwanzig Zimmern, Möblierung: Gelsenkirchener Barock. Das Stilleben an der Wand deckt nicht ganz die vergilbten Streifen ab, die sein Vorgänger hinterließ. Hier wie überall wachte einst Genosse Lenin auch über den ausländischen Gast. Während das Gros der Angekommenen sich nach einem schwer lastenden Abendessen zum Ausruhen oder Ansichtskartenschreiben ins Zimmer begibt, oder an der kleinen Hotelbar mit Gleichgesinnten das russische Bier testet, haben sich zwei Mitreisende in das von zwei georgischen Geschäftsleuten bewohnte Nachbarzimmer einladen lassen. Hier geht nun der Abend bei viel Cognac und Wodka, gebratener Leber mit Brot, eingelegten Gurken und Oliven und mit Tanz und Gesang einem feuchtfröhlichen Ende entgegen. So einfach kann Kulturaustausch sein.

Die großen Hotels sind Inseln im sie umgebenden Chaos. Sie verfügen über Restaurants und Bars, Bank oder Wechselstube, Postservice und Souvenirshops. Viele Hotels haben Schmuck- oder Pelzgeschäfte, an Kiosken *(kiossk)* ist die internationale Presse erhältlich, aber auch Briefmarken und alltägliche Bedarfsgüter wie Shampoo oder Toilettenpapier. Moskau und Sankt Petersburg verfügen über Hotels mit mehreren tausend Betten; das «Rossija» in Moskau beispielsweise kann sechstausend Gäste beherbergen. Damit man sich in den Flügeln und endlosen Korridoren nicht verläuft, sitzt auf jeder Etage in jedem Flügel eine Etagenfrau, die *djeshurnajas.* Ursprünglich eine typische Einrichtung des sozialistischen Überwachungsstaates, hat sie alle politischen Wirren überstanden und ist zu einer nützlichen Hilfe für Besucher geworden. Sie verwahrt die Zimmerschlüssel, sie besorgt den Handwerker, der den Fernseher oder die defekte Toilettenspülung repariert oder eine Glühlampe erneuert. Sie kocht auch mal einen Tee, wenn die Etagenbar geschlossen hat. Sie kontrolliert die Hotelkarte und wacht darüber, daß keine Unbefugten sich einschleichen und daß Gäste, die nicht im Hotel wohnen, das Zimmer abends wieder verlassen. Dabei gibt es natürlich für besonderen Damenbesuch Ausnahmen. Der Dank der männlichen Gäste für solcherart Entgegenkommen sichert ihr ein finanzielles Zubrot.

gasstiniza *Hotel*

nomer *Hotelzimmer, Nummer*

telefon *Telefon, Telefonnummer*

telewisar *Fernseher*

lampa *Lampe*

lift *Aufzug*

lessniza *Treppe*

rabotajet *funktioniert, arbeitet*

kljutsch *Schlüssel*

pashalyssta *bitte*

wot *da (ist)*

resstaran *Restaurant*

bar *Bar*

atkryt *geöffnet*

sakryt *geschlossen*

ja passmatrju *ich schaue mal nach*

ätash *Etage*

Wenn «danke» nicht genügt

sspassiba balschoje!	vielen Dank!
balschoje wam sspassiba!	haben Sie vielen Dank!

geöffnet und geschlossen

Sakryt und *atkryt* sind männliche Formen von *sakrytj* (schließen) und atkrytj (öffnen). Die weiblichen und die sächlichen Formen in der Einzahl dazu lauten *atkryta* und *sakryta*.

Resstaran sakryt. Gasstiniza atkryta. Metro sakryta.

Bitte nicht verirren!

In Rußland gilt das Erdgeschoß als 1.Etage (perwyj ätash), der 1.Stock ist die 2.Etage, der zweite Stock entspricht der russischen 3.Etage (tretij ätash) usw.

Etage	auf der Etage
1. perwyj ätash	na perwam ätashe (Erdgeschoß)
2. wtaroj ätash	na wtarom ätashe
3. tretij ätash	na tretjem ätashe
4. tschetwjortyj ätash	na tschetwjortam ätashe
5. pjatyj ätash	na pjatam ätashe
6. schesstoj ätash	na schesstom ätashe
7. ssedmoj ätash	na ssedmom ätashe
8. wassmoj ätash	na wassmom ätashe
9. djewjatyj ätash	na djewjatam ätashe
10. djessjatyj ätash	na djessjatam ätashe

5 Reden

Im Hotel

Kljutsch, pashalyssta.	Den Schlüssel bitte.
Wot, pashalyssta.	*Hier, bitte.*
Sspassiba balschoje. Gdje bar?	Vielen Dank. Wo ist die Bar?
Bar sakryt. Tolka resstaran atkryt.	*Die Bar ist geschlossen. Nur das Restaurant ist geöffnet.*

Lift nje rabotajet?	Funktioniert der Aufzug nicht?
Njet, nje rabotajet.	*Nein, er funktioniert nicht.*
A gdje lessniza?	Und wo ist die Treppe?
Lessniza tam. I tam jesstj jeschcho lift.	*Die Treppe ist dort. Und dort ist noch ein Aufzug.*

U menja w nomerje telewisar nje rabotajet.	Bei mir im Zimmer funktioniert der Fernseher nicht.
Gdje kljutsch?	*Wo ist der Schlüssel?*
Wot, pashalyssta.	Hier, bitte.
Ja passmatrju. A lampa rabotajet?	*Ich sehe mal nach. Aber die Lampe funktioniert?*
Da, rabotajet.	Ja, sie funktioniert.
A telefon?	*Und das Telefon?*
Telefon toshe.	Das Telefon auch.

Gdje wy byli w Masskwe?	Wo waren Sie in Moskau?
Ja byla w gasstinize «Jewropa».	*Ich war im Hotel «Europa».*
Ja toshe byl tam.	Ich war auch dort.
U menja byl nomer na wassmom ätashe.	*Ich hatte ein Zimmer im siebten Stock.*
U menja byl nomer na wtarom.	Ich hatte ein Zimmer im ersten.
Na wtarom jesstj resstaran?	*Im ersten ist das Restaurant?*
Da, resstaran i bar.	Ja, ein Restaurant und eine Bar.

Wy ushä byli w gasstinize «Jushnaja»?	Waren Sie schon im Hotel «Jushnaja»?
Njet. Tam charascho?	*Nein. Ist es gut dort?*
Nje otschen.	Nicht sehr.
Wy byli tam w perwyj ras?	*Waren Sie zum ersten Mal dort?*
Da. Tam tolka lessniza, lift nje rabotajet. Resstaran sakryt i w nomerje telewisar nje rabotajet.	Ja. Da gibt es nur eine Treppe, der Aufzug funktioniert nicht. Das Restaurant ist geschlossen, und im Zimmer funktioniert der Fernseher nicht.

1. Übersetzen Sie

1. Wo ist die Bar? **2.** Und ist das Restaurant auch geschlossen? **3.** Nein, es ist noch geöffnet. **4.** Bei mir im Zimmer funktioniert der Fernseher nicht. **5.** Den Schlüssel bitte. Wo ist das Zimmer?

2. Ergänzen Sie

1. Lift nje .... **2.** A .... lessniza? **3.** Resstaran sakryt, a bar jeschcho .... **4.** U nass w ....lampa nje rabotajet.
5. Kljutsch,.............

3. Was gehört zusammen?

1. telewisar nje rabotajet
2. resstaran ushä sakryt
3. kljutsch, pashalyssta
4. lift nje rabotajet
5. bar jeschcho atkryt

a den Schlüssel bitte
b der Aufzug funktioniert nicht
c die Bar ist noch geöffnet
d der Fernseher funktioniert nicht
e das Restaurant ist schon geschlossen

4. Sagen Sie, was nicht funktioniert «Telewisar nje rabotajet.»

1. telewisar **2.** lift **3.** lampa **4.** telefon **5.** bar **6.** maschyna

5. Auf welcher Etage?

1. U menja nomer na .... (9.Stock)
2. Resstaran na .... (2.Stock)
3. Bar na .... (7.Stock)
4. Telefon u nass tolka na .... (Erdgeschoß)
5. Kiossk na .... sakryt. (8.Stock)

Frage und Aussage

Durch eine veränderte Satzmelodie kann jeder Aussagesatz zur Frage werden, ohne daß die Wortstellung im Satz sich verändert.

Telewisar rabotajet. Der Fernseher funktioniert.
Telewisar rabotajet? Funktioniert der Fernseher?

Zwar entspricht die russische Satzmelodie nicht ganz der deutschen, aber Frage und Aussage sind auch für ungeübte Ohren gut zu unterscheiden.

Durch die Stadt

Moskau oder Sankt Petersburg, eine Straße im Stadtzentrum, vielleicht 18 Uhr. Wie von einer unsichtbaren Macht gerufen, ergießt sich ein unaufhörlicher Menschenstrom über eine breite Treppe in die Tiefe hinab, wird von der Dunkelheit aufgesogen, verschwindet im Nichts. Auf der anderen Straßenseite das umgekehrte Schauspiel. Hier spuckt die Erde ohne Unterlaß Menschen aus. Dem unterirdischen Geheimnis auf der Spur, gelangt der Beobachter – in eine Metrostation. Staunend läßt er sich von den längsten Rolltreppen der Welt ins Erdinnere tragen, wandelt zwischen marmornen Säulen, unter tonnenschweren Kristallüstern. Die Menge reißt ihn mit sich, und unversehens findet er sich in einem der Züge wieder, braust in irgendeine Richtung davon. Im Abteil stehen die Menschen Leib an Leib, solche mit Pelz- oder Strickmützen, mit Aktenkoffern oder Einkaufstaschen, lesend oder dösend, nach Parfum riechend, nach Alkohol oder Achselschweiß. In Moskau und Sankt Petersburg ist die Metro das Transportmittel Nr. 1. Von der Straße erkennt man die Metrostationen nur an einem großen «M».
In den Vorstädten werden als Querverbindungen zwischen den Metrostationen Busse (*awtobuss*), Oberleitungsbusse (*trallejbus*) und Straßenbahnen (*tramwaj*) eingesetzt. Den Fahrschein (*talon*) erhält man beim Busfahrer und in den Metrostationen in Zentrumsnähe. Dort bekommt man auch die Metro-Chips (*shetony*). Rußlands Großstädte heißen zu Recht Großstädte, selbst in den Zentren ist zu Fuß kaum etwas erreichbar. Die breiten Straßen sind nur durch Unterführungen zu überwinden. Wer, um Zeit zu sparen, den direkten Weg wählt, begibt sich in Lebensgefahr. Auch eine grüne Fußgängerampel mit Zebrastreifen kann in falscher Sicherheit wiegen. Übrigens: ein herannahendes Auto, das aufblendet, lädt nicht zum Überqueren der Straße ein, sondern signalisiert: «Aus dem Weg, hier komme ich!»

Nach einem Taxi wird der eilige Tourist oder Geschäftsmann zunächst vergebens Ausschau halten. Die öffentlichen, weiß, gelb oder schwarz lackierten Wolgas sind selten geworden, private Taxiunternehmen sind an ihre Stelle getreten. Man erkennt die Taxis nur an dem roten bzw. grünen Lämpchen hinter der Windschutzscheibe, das anzeigt, ob das Taxi frei oder besetzt ist. Taxis bestellt man oder winkt sie an der Straße heran. Letzteres kann in Außenbezirken und abends eine langwierige Sache werden, deshalb heißt es russisch «lawitj takssi», ein Taxi fangen. Auch normale Autofahrer halten gerne an, um sich ein Zubrot durch einen kleinen Umweg zu verdienen.

sskashitje, pashalyssta *sagen Sie bitte*

daleko *weit*

njedaleko *nah*

kak papasstj *wie kommt man*

uliza *Straße*

na ulizu *zur Straße*

asstanowka *Haltestelle*

awtobuss *Bus*

kakoj, kakaja, kakoje *welcher, welche, welches*

patom *dann*

do (oft «**da**» gesprochen) *bis*

takssi (neutr.) *Taxi*

kuda wam nushna? *wohin müssen Sie?*

zentr *Zentrum*

sskolka? *wieviel*

ja wam dam *ich gebe Ihnen*

ssaditjess *steigen Sie ein*

waksal *Bahnhof*

nje snaju *weiß ich nicht*

Zahlen mit Endung

Die schlechte Nachricht: Nicht leicht zu behalten sind die Endungen der Zahl- und Hauptwörter von eins bis vier.
Die gute Nachricht: von fünf bis null ändert sich nichts mehr.

	Rubel	**Dollar**	**DM**
1. adin	adin rubl	adin dollar	adna marka
2. dwa	dwa rublja	dwa dollara	dwe marki
3. tri	tri rublja	tri dollara	tri marki
4. tschetyrje	tschetyrje rublja	tschetyrje dollara	tschetyrje marki
5. pjatj	pjatj rublej	pjatj dollaraw	pjatj marak

6. schesstj **7.** ssjem **8.** wossjem **9.** djewjatj **10.** djessjatj

Die Zahl **tyssjatscha** (tausend) wird ähnlich dekliniert wie **marka**:

tyssjatscha marak	tausend DM
tri tyssjatschi dollaraw	dreitausend Dollar
schesstj tyssjatsch rublej	sechstausend Rubel

Welcher, welche oder welches?

Ob die männliche, weibliche oder sächliche Form von **kakoj** gebraucht wird, hängt vom grammatischen Geschlecht des dazugehörigen Hauptwortes ab.
Das Geschlecht ist an der Nominativendung zu erkennen:

– Männliche Hauptwörter enden auf Konsonant oder auf **-j**.
– Weibliche enden auf **-a**, **-ja** oder**-j**.
– Sächliche enden auf **-o**, **-a** oder **-e**, ganz selten auf **-ja**.

kakoj awtobuss	kakaja asstanowka	kakoje metro
kakoj tramwaj	kakaja prafessija	kakoje morje

6 Reden

Wege finden

Sskashitje, pashalyssta, gdje metro «Arbatsskaja»?	Sagen Sie bitte, wo ist die Metrostation «Arbatskaja»?
Wot tam.	*Da hinten.*
Äta daleko?	Ist das weit?
Njet, äta njedaleko.	*Nein, das ist nicht weit.*
Kak papasstj na ulizu Gerzena?	Wie kommt man zur Herzenstraße?
Kakaja uliza?	*Welche Straße?*
Na ulizu Gerzena.	Zur Herzenstraße.
Na awtobussje. Asstanowka tam.	*Mit dem Bus. Dort ist die Haltestelle.*
Kakoj nomer?	Welche Nummer?
Pjatj. Patom na metro.	*Fünf. Dann mit der Metro.*
Kakoje metro?	Welche Metro?
«Tschechowsskaja», do «Biblioteki imeni Lenina»	*«Tschechowskaja», bis zur Leninbibliothek.*
Sspassiba balschoje.	Vielen Dank.
Kuda wam nushna?	Wohin müssen Sie?
W zentr. Sskolka äta?	*Ins Zentrum. Wieviel macht das?*
Djessjatj tyssjatsch.	Zehntausend.
Njet, ja wam dam pjatj tyssjatsch.	*Nein, ich gebe Ihnen fünftausend.*
Ssaditjess.	Steigen Sie ein.
Sskashitje, pashalyssta, kak papasstj na Bjelarusskij waksal?	Sagen Sie bitte, wie kommt man zum Weißrussischen Bahnhof?
Nje snaju.	*Weiß ich nicht.*

Aussteigen – gar nicht so leicht

Sie stehen wie in einer Sardinendose in der überfüllten Metro und wissen nicht, wann Sie aussteigen müssen. In dieser Situation gibt es drei Möglichkeiten:

1. Sie fahren bis zur Endstation und steigen dort in ein Taxi um. (schlecht)
2. Sie fragen einen anderen Fahrgast: «Kakaja ssledujuschchaja?» – «Welche ist die nächste Station?». (schon besser)
3. Sie halten Ihren Metronetzplan bereit und lauschen auf das letzte Wort der Ansage, die beim Türenschließen ertönt: «Asstaroshna, dweri sakrywajutssja. Ssledujuschchaja sstanzija: Arbatsskaja.» – «Vorsicht, Türen schließen. Nächste Station: Arbatsskaja.». (sehr gut)

1. Welches Wort paßt nicht?

1. kak, kuda, gdje, patom, kakoj, sskolka
2. trallejbuss, tramwaj, takssi, waksal, metro
3. asstanowka, papasstj, uliza, awtobuss, zentr
4. tri, ssjem, snaju, djessjatj, tschetyrje

2. Wie lautet die richtige Frage?

1. Njet, äta njedaleko.
a Äta daleko?
b Kuda wam nushna?

2. Pjatj dollaraw.
a Kakoj nomer?
b Sskolka?

3. Nje snaju, gdje.
a Kto wy pa prafessii?
b Gdje asstanowka?

4. Na takssi.
a Kak papasstj w zentr?
b Atkuda wy?

5. Äta nomer tri.
a Sskolka äta?
b Kakoj nomer?

3. Die Zahl davor und danach

1. .... djewjatj ....
2. .... pjatj ....
3. .... dwa ....
4. .... ssjem ....
5. .... tschetyrje ....

4. Was paßt zusammen?

1. dwe tyssjatschi rublej
2. djewjatj dollaraw
3. tschetyrje marka
4. tyssjatscha djessjatj marak
5. wossjem tyssjatsch tri rublja

a 9 Dollar
b 8003 Rubel
c 1010 DM
d 2000 Rubel
e 4 DM

5. kakoj, kakaja oder kakoje? «Kakoj restaran?»

1. resstaran **2.** asstanowka **3.** metro **4.** uliza **5.** nomer **6.** dotsch **7.** takssi

Jedinyj – Monats- oder Wochenkarte

Erspart das ständige Suchen nach *shetony* und *talony*. Man bekommt sie in Metrostationen. Sie gilt für alle innerstädtischen öffentlichen Verkehrsmittel. *«Jedinyj, pashalyssta.»*

Z

Alle Wörter

Hauptwörter

Meer
morje

Hotel
gasstiniza

Restaurant
resstaran

Bar
bar

Aufzug
lift

Treppe
lessniza

Etage
ätash

Hotelzimmer, Nummer
nomer

Telefon, Telefonnummer
telefon

Fernseher
telewisar

Lampe
lampa

Schlüssel
kljutsch

Zentrum
zentr

Unterwegs

Auto
maschyna

Zug
pojesd

Straße
uliza

zur Straße
na ulizu

Haltestelle
asstanowka

Bus
awtobuss

Taxi
takssi

Metro
metro

Bahnhof
waksal

Verb & Co.

Sie waren
wy byli

wir fuhren, Sie fuhren
myjesdili, wy jesdili

funktioniert
rabotajet

geschlossen
sakryt

geöffnet
atkryt

ich sehe mal nach
ja passmatrju

sagen Sie bitte
sskashitje, pashalyssta

wie kommt man
kak papasstj

wohin müssen Sie?
kuda wam nushna?

weiß ich nicht
nje snaju

ich gebe Ihnen
ja wam dam

steigen Sie ein!
ssaditjess!

Kleine Wörter

dort
tam

schon
ushä

zum ersten Mal
w perwyj ras

noch
jeschcho

in
w

auf
na

wo
gdje?

bitte
pashalyssta

da
wot

dann, danach
patom

bis
do, da

weit
daleko

nah
njedaleko

welcher, welche, welches
kakoj, kakaja, kakoje

wieviel?
sskolka

Zweite Gruppe: Buchstaben, die wie lateinische aussehen, aber anders gesprochen werden.

В в	W w	**Х х**	Ch ch
Н н	N n	**У у**	U u
Р р	R r	**С с**	S s

1. Wörter mit den sechs neuen Buchstaben

вот	**wot**	da	**торт**	**tort**	Torte
нет	**njet**	nein	**ну**	**nu**	nun, also
рот	**rot**	Mund	**хор**	**chor**	Chor
сорт	**ssort**	Sorte	**хаос**	**chaoss**	Chaos
сто	**ssto**	hundert	**сухо**	**ssucha**	trocken
метро	**metro**	Metro	**марка**	**marka**	DM, Briefmarke

2. Kleine Sätze

Хаос в метро.	**Chaoss w metro.**	Chaos in der Metro.
вот сто марок.	**Wot ssto marak.**	Hier sind hundert Mark.
У нас нет метро.	**U nass njet metro.**	Wir haben keine Metro.
Ну, торт в рот!	**Nu, tort w rot!**	Nun, Torte in den Mund!

Hier sind alle Buchstaben verlangt:

3. Länderkunde kyrillisch

Россия	**Rassija**	Rußland
Германия	**Germanija**	Deutschland
Америка	**Amerika**	Amerika
Австрия	**Awsstrija**	Österreich

4. Zu welcher Metrostation wollen Sie?

Арбатская	**Arbatskaja**
Парк културы	**Park kultury**
Маяковская	**Majakowskaja**
Пушкинская	**Puschkinskaja**

5. Bitte nicht verwechseln

вход	**wchod**	Eingang
выход	**wychad**	Ausgang

Z Hier fehlt's

Lesen Sie sich den Text durch, und tragen Sie die fehlenden Wörter ein. Wenn Sie nicht mehr weiterwissen, dann dürfen Sie auf der nächsten Seite spicken:

W nomerje

Dialog 1

Wy ushä byli w Rassii?
Njet, äta perwyj ....
A .... Italii wy byli?
Da, my byli tam na morje. Kuda wy jesdili?
Ja .... w Irkutskje, w Kiewje, w Taschkentje.
Taschkent, ... w Kasachsstanje?
Njet, äta w Usbekisstanje.
W Masskwe wy w gasstinize?
Da, w gasstinize «Metropol».
Sskashitje, ..., kakoj u wass tam nomer?
Tri-ssjem-tri.

Dialog 2

Gdje kljutsch?
Ja passmatrju. U menja njet. .... u tjebja.
Da, wot on. Pajechali w zentr, charascho?
Ja nje snaju,kak .... w zentr.
Na metro i na awtobussje. Asstanowka tam.
A ja nje .... kakoj nomer.
Ja .... nje snaju. A tam takssi.
Charascho. Pajechali .... takssi. Äta njedaleko.

Dialog 3

Kakoj u wass nomer .... gasstinize?
U menja nomer tri-tri-ssjem.
Äta .... tretjem ätashe?
Njet, na perwam. Tam, gdje i resstaran.
Wy ushä .... w resstaranje?
Njet, on sakryt. Ja byla w barje na wassmom ätashe.
W gasstinize jesstj lift?
Jesstj, i on nje ....

Hören Sie sich die Dialoge an, vergleichen Sie die Lösungen, die Sie gefunden haben, und plappern Sie einfach nach:

Im Hotelzimmer

Dialog 1

Wy ushä byli w Rassii?
Njet, äta perwyj ras.
A w Anglii wy byli?
Da, my byli tam na morje. Kuda wy jesdili?
Ja byla w Londonje, w Chabarowsskje, w Kiewje.
Kiew, äta w Rassii?
Njet, äta na Ukrainje.
W Chabarowsskje wy byli w gasstinize?
Da, w gasstinize «Ssportiwnaja».
Sskashitje, pashalyssta, kakoj u wass tam byl nomer?
Pjatj-dwa-tschetyrje.

Dialog 2

Gdje kljutsch?
Ja passmatrju. U menja njet. On u tjebja.
Da, wot on. Pajechali na ulizu Gerzena, charascho?
Ja nje snaju,kak papasstj na ulizu Gerzena.
Na awtobussje. Asstanowka tam.
A ja nje snaju, kakoj nomer.
Ja toshe nje snaju. A tam takssi.
Charascho. Pajechali na takssi. Äta otschen daleko.

Dialog 3

Kakoj u wass nomer w gasstinize?
U menja nomer tri-tri-pjatj.
Äta na tretjem ätashe?
Njet, na wtarom. Tam, gdje i resstaran.
Wy ushä byli w resstaranje?
Njet, on sakryt. Ja byla w barje na djewjatam ätashe.
W gasstinize jesstj lift?
Jesstj, i on nje rabotajet.

Z

Prüfstand

1. Haben Sie aufgepaßt?

1. «Piter» ist
a ein russischer Nationalheld
b die volkstümliche Bezeichnung für Sankt Petersburg
c ein Magenbitter

2. Die Etagenfrauen in russischen Hotels nennt man
a gasstiniza
b kakaja
c djeshurnaja

3. Die West-Ost-Ausdehnung Rußlands beträgt
a 5000 km
b 7000 km
c 10000 km

4. Ein freies Taxi erkennt man
a am eingeschalteten Abblendlicht
b am grünen Lämpchen hinter der Scheibe
c am heruntergekurbelten Seitenfenster

5. Ein großes «M» an einer Kellertreppe bedeutet
a Vorsicht: McDonald´s-Filiale
b hier ist der Eingang zu einer Metrostation
c öffentliche Herrentoilette

6. Mit einem «jedinyj»
a sind Busse, O-Busse, Straßenbahnen und Metro billiger
b kann man Münzfernsprecher benutzen
c hat man freien Eintritt in allen städtischen Museen

2. Fragen Sie Ihren Gesprächspartner,

1. ob er schon einmal in Deutschland war.
2. ob er dort mit dem Zug war.
3. ob die Bar noch geöffnet hat.
4. wo die Treppe ist.
5. wie man zum Bahnhof kommt.

3. Was stimmt, a, b oder c?

1. Wy w perwyj .... w Rassii?
a wot
b ras
c äta

2. My .... nje byli w Masskwe.
a jeschcho
b ushä
c tri

3. U menja w nomerje .... nje rabotajet.
a lift
b atkryt
c lampa

4. Kak papasstj na ....
a maschynje
b ulizu Gerzena
c lessnize

5. Ja wam dam .... dollaraw.
a wossjem
b patom
c daleko

4. Übersetzen Sie diesen Text

1. My w perwyj ras w Masskwe. **2.** A my ushä byli w Kiewje. **3.** Kiew, äta nje w Rassii, äta na Ukrainje. **4.** My jesdili na pojesdje. **5.** W Masskwe my w gasstinize. **6.** U nass w nomerje telewisar. **7.** On nje rabotajet. **8.** A w barje toshe telewisar. **9.** Bar atkryt, a resstaran sakryt. **10.** Tam jeschcho jestj resstaran na ulize Gerzena. **11.** Na maschynje äta njedaleko.

5. Sskolka? – Wieviel?

1. U menja tolka .... dollaraw. (7)
2. Ja wam dam .... tyssjatschi rublej. (4)
3. Äta awtobuss nomer .... (9)
4. W gasstinize tolka .... lift. (1)
5. .... marki, pashalyssta. (2)

6. Wo sind Sie gewesen?

«Na ulize.» **«W resstaranje.»**

1. uliza **2.** resstaran **3.** waksal **4.** gasstiniza **5.** Ukraina **6.** Düsseldorf **7.** lessniza **8.** Italija **9.** nomer **10.** morje

Die tägliche Kost der Russen ist Grütze, Rüben, Kohl, Gurken, frische und eingesalzene große Fische. Das Gebackene ist sehr schmackhaft und von gewaltiger Größe; als Füllung nehmen sie Fische oder Fleisch mit Zwiebeln und braten sie in Butter oder Öl. Mit einer solchen Pirogge will ein jeglicher seinen Gast, wenn er ihm gütlich zu tun vermeint, bewirten.» Der so treffend die russische Küche beschrieb, der deutsche Gelehrte Adam Olearius, bereiste Rußland Mitte des 17. Jahrhunderts. Im großen und ganzen gilt diese Beschreibung heute noch. Die russische Kost ist deftig, ein Alptraum für Kalorienzähler, die unter Russen eher selten sind. Nicht kleckern, sondern klotzen, ist das Motto, so hielten es bereits die Zaren. Die Schilderungen von Festmählern und Gelagen mit unzähligen Gängen, bei denen gegessen und getrunken wurde bis zum Umfallen, gehören zur Geschichtsschreibung ebenso wie zur Romanliteratur. Rußland ist ein Vielvölkerstaat, und vielfältig sind auch die Beiträge seiner Völker zur Eßkultur. Da gibt es ukrainischen *borschch*, moldawischen Maisbrei, sibirische *pelmeni*, tatarische *beljaschi*, mittelasiatischen Plow, kaukasischen Schaschlik und vieles andere. Ein besonderes Merkmal der russischen Festtagsküche ist die große Auswahl an Vorspeisen. Gab es als Hors d'œuvre bei den

Romanows am Zarenhof bevorzugt gebratenen Schwan, so gehören heute Wurstplatten, Gemüsesalate, eingelegte Gurken und Pilze, Kaviar auf gekochten Eihälften dazu, zu Hause wird gerne «Hering im Pelzmantel», ein Fischkuchen, zubereitet. Zu fast allen Gerichten können *piraschki*, mit Fisch, Fleisch, Gemüse oder Marmelade gefüllte Hefeteigpastetchen, gereicht werden. Beliebte Hauptgerichte sind gefüllte Teigtaschen in allen Variationen, Paprikaschoten mit Hackfleisch, Kohlrouladen oder *bliny*, das sind Pfannkuchen mit herzhafter oder süßer Beigabe wie Kaviar, Sahne und Butter. Bliny werden traditionell in der Fastnachts- oder Butterwoche zubereitet. Die Zubereitung eines festlichen Gerichts kann sich über mehrere Tage erstrecken.
Seit dem 18. Jahrhundert sind auch Suppen fester Bestandteil der russischen Alltagsküche. Der *schchi*, die gängige Kohlsuppe, wird mit Fleisch oder Fisch angereichert, die *ssoljanka* ist eine würzige Fleisch- oder Fischsuppe, die *akroschka* ist eine kalte Fleischsuppe, die besonders im Sommer schmeckt. Dann gibt es natürlich noch den *borschch*, mit roten Beten und allem, was der Gemüse- und Fleischmarkt sonst noch hergibt. Diese Suppen haben eines gemeinsam: Sie sind sehr haltbar und schmecken aufgewärmt noch besser als frisch.

Wenn in den Wäldern Pilze und Beeren reifen, dann strömen die Großstädter hinaus, um zu ernten, was die Natur hervorgebracht hat. Russen sind nicht nur Pilz- und Beerenkenner, trennen mit lebenserhaltender Sicherheit Giftiges von Ungiftigem, sie wissen das Gesammelte auch zuzubereiten. Die Pilze werden eingelegt, getrocknet oder frisch mit Saucen verfeinert. Aus den Beeren wird *warenje*, eine köstliche Marmelade, hergestellt. So werden auch Vorräte für den langen Winter angelegt.

Russen lieben es süß, zum Frühstück *warenje*, zum Nachmittagstee Torten und Konfekt und als Abschluß eines Menüs Eis oder Früchte. Und was ist gegen ein Stück Cremetorte als Betthupferl einzuwenden? Russische Frauen können übrigens mit Hefeteig Gebäck zaubern, das jedem Konditor zur Ehre gereichen würde. Also auf ins Kalorienparadies. In den Hotels wird zu jeder Mahlzeit ein mehrgängiges Menü serviert, auch das Frühstück ist reichhaltig. Privat fällt das Frühstück dagegen eher kontinental aus.

Dreimal hungrig

On – galodnyj.	*Er hat Hunger.*
Ana – galodnaja.	*Sie hat Hunger.*
Ani – galodnyje.	*Sie haben Hunger.*

Kleine Kaviar-Kunde

Kaviar ist nicht gleich Kaviar. Er wird vom Belugawal, vom Ketalachs oder Stör gewonnen, ist rot, grau oder schwarz, grob- oder feinkörnig, kräftig, mild oder salzig. Der beste Kaviar kommt vom Belugawal. Er ist grobkörnig, mild, schwach gesalzen, hat daher eine gräuliche Färbung. Der Ketalachs liefert roten, grobkörnigen Kaviar guter Qualität mit kräftigem Geschmack. Einfacher Kaviar stammt meist vom Sewrugastör. Er ist feinkörnig und wird ziemlich stark gesalzen, so daß er eine fast schwarze Färbung bekommt.

Sa oder Na sdarowje?

Zum Wohl! oder *Prost!* heißt russisch **sa sdarowje.** Viele Deutsche sagen statt dessen **na sdarowje** (oder gar **na strowje**). **Na sdarowje** bedeutet aber *bitte schön* oder *bitte sehr* als Antwort auf *danke!*

galodnyj, galodnaja, galodnyje *hungrig*

pajesstj *essen*

schto wam prinessti? *was darf ich Ihnen bringen?*

menju *Menü, Speisekarte*

ja wasmu *ich nehme*

sakusska *Vorspeise*

ssup *Suppe*

garjatscheje *Hauptgericht*

dessert *Nachspeise*

moshna *man kann, man darf*

abjisatjelna *unbedingt, natürlich*

wssjo *alles*

mjassa (neutr.) *Fleisch*

ryba *Fisch*

ikra *Kaviar*

kartoschka *Kartoffeln*

griby *Pilze*

frukty *Obst*

maroshennaje *Eis*

Akkusativ Singular (Einzahl)

Im Akkusativ (auf die Frage wen? was? wohin?) erhalten Hauptwörter unterschiedliche Endungen entsprechend ihrem grammatischen Geschlecht. Maskulina und Neutra (männliche und sächliche Formen) haben im Akkusativ die Nominativendung, wenn sie keine Lebewesen bezeichnen.
Feminina (weibliche Formen) erhalten die Endung **-u** oder **-ju**, die Feminina auf **-j** haben die Nominativendung.

Nominativ	**Akkusativ**	**Nominativ**	**Akkusativ**
ryb-a	ryb-u	Masskw-a	w Masskwu
kartoschk-a	kartoschk-u	Rassi-ja	w Rassiju
prafessi-ja	prafessi-ju		

Für die Eigenschaftswörter, die sich in Geschlecht, Zahl und Fall nach dem zugehörigen Hauptwort richten, gelten die gleichen Regeln. Maskulina, die auf **-yj**, **-ij** oder **-oj** enden, bleiben im Akkusativ gleich. Ebenso die Neutra mit den Endungen **-aje, -jeje** und **-oje**. Feminina, die im Nominativ auf **-aja** oder **-jaja** enden, erhalten im Akkusativ Singular die Endung **-uju** oder **-juju**.

Nominativ	**Akkusativ**	
charosch-aja	charosch-uju	gut
interessn-aja	interessn-uju	interessant
galodn-aja	galodn-uju	hungrig

Beispielsätze:

Pajechali w zentr.	*Fahren wir ins Zentrum*
Kak papasstj na ulizu ..?	*Wie kommt man zur ......-Straße?*
Ja wasmu mjassa, kartoschku i dessert.	*Ich nehme Fisch, Kartoffeln und ein Dessert.*

Auswärts essen

Ty galodnyj?	Bist du hungrig?
Ja otschen galodnyj.	*Ich bin sehr hungrig.*
Ja snaju, gdje resstaran. Äta nje-daleko.	Ich weiß, wo ein Restaurant ist. Das ist nicht weit.
Tam moshna charascho pajesstj?	*Kann man dort gut essen?*
Da, otschen charascho.	Ja, sehr gut.
Pajechali.	*Nichts wie hin.*

Schto wam prinessti?	Was darf ich Ihnen bringen?
Menju, pashalyssta.	*Die Speisekarte bitte.*
Wot menju.	Hier ist die Karte.
Sspassiba. Ja wasmu sakusski, patom mjassa i griby.	*Danke. Ich nehme Vorspeisen, danach Fleisch und Pilze.*
Ssup toshe?	Auch Suppe?
Njet, sspassiba.	*Nein, danke.*
A na dessert maroshennaje?	Und als Nachspeise Eis?
Abjisatjelna.	*Unbedingt.*

Schto wam prinessti?	Was darf ich Ihnen bringen?
Sakusski, ssup, i garjatscheje – rybu i kartoschku.	*Vorspeisen, Suppe und als Hauptgericht Fisch und Kartoffeln.*
Äta wssjo?	Ist das alles?
Njet. Schto u wass jesstj na des-sert?	*Nein. Was haben Sie als Nachspeise?*
Frukty i maroshennaje.	Früchte und Eis.
Frukty, pashalyssta.	*Früchte, bitte.*

Kak äta mjassa?	Wie ist das Fleisch?
Nje otschen.	*Nicht besonders.*
A kak ssup?	Und wie war die Suppe?
Ssup nitschewo.	*Die Suppe war nicht übel.*

Universalwörter «moshna», «nushna»

«Moshna» und «nushna» können allein stehen, lassen sich mit Verben oder einfach mit Gesten verbinden, wenn die Worte fehlen.

Moshna ...?	Darf ich ...?
Moshna tam pajesstj?	Kann man dort essen?
Äta nushna?	Ist das nötig?
Nushna pajesstj ssup?	Muß man die Suppe essen?

Üben

1. Einsetzen mit der richtigen Endung

1. Schto wam prinessti? – .... i	(wodka, sakusski)
2. Ja wasmu .... i	(mjassa, kartoschka)
3. Kuda wam nushna? – W	(Masskwa)
4. Pajechali w	(Rassija)
5. Ja wasmu	(ikra)

2. Bestellen auf russisch

1. Die Speisekarte, bitte. **2.** Ich nehme Vorspeisen, danach Fleisch und Pilze. **3.** Haben Sie Fisch? **4.** Was haben Sie als Nachtisch? **5.** Ein Eis, bitte.

3. Die richtige Antwort?

1. Tam moshna charascho pajesstj?
a Äta njedaleko.
b Da, otschen charascho.

2. Schto wam prinessti?
a Menju, pashalyssta.
b Njet, sspassiba.

3. Schto u wass jesstj na dessert?
a Frukty i maroshennaje.
b Ryba i kartoschka.

4. Äta wssjo?
a Da, sspassiba.
b Nitschewo.

5. U was jesstj sakusski?
a Njet, tolka menju.
b Abjisatjelna.

4. Welche Übersetzung ist richtig?

1. Äta mjassa nitschewo.
a Dieses Fleisch ist nichts.
b Dieses Fleisch ist nicht übel.

2. U was jesstj menju?
a Haben Sie eine Speisekarte?
b Wo ist das Menü?

3. Schto wam prinessti?
a Was gibt es zu essen?
b Was darf ich Ihnen bringen?

4. Äta wssjo?
a Ist das alles?
b Ist das teuer?

In wodka veritas

Das russische Essen ist geeignet, eine gute Grundlage für reichlichen Alkoholgenuß zu schaffen. Tatsächlich aber wird der erste Wodka auf nüchternen Magen gekippt, danach erst greift man bei den Vorspeisen zu. Zum Trinken gehört der Trinkspruch, wenn ein größerer Kreis versammelt ist. Manche Russen machen aus dem Trinkspruch lange Tischreden, in denen sie über Gott und die Welt philosophieren. Merke: je höher der Alkoholgenuß, desto länger der Trinkspruch. Anstoßen kann man auf fast alles; auf die Gastfreundschaft des Gastgebers («sa wasche gosstepriimsstwa»), auf Frieden und Freundschaft («sa mir i drushbu»), auf die Zusammenarbeit («sa ssatrudnitschesstwa»), auf eine glückliche Zukunft («sa sswetlaje buduschcheje») oder auf den Zufall, der die Anwesenden zusammengeführt hat («sa snakomsstwa»). Wem nichts Besseres einfällt, der trinkt einfach auf die Gesundheit der anderen: «Sa wasche sdarowje!». Ein festliches Essen ohne Wodka ist in Rußland schwer denkbar. Das «Wässerchen» ist und bleibt das russische Nationalgetränk. Manchmal geht hier Quantität vor Qualität. Im Restaurant wird der Wodka meist in Halbliterflaschen mit Einwegverschlüssen serviert, denn selten bleibt ein Tropfen in der Flasche übrig. Wer im Restaurant einer Hochzeitsgesellschaft begegnet, kann Zeuge eines eigentümlichen Brauchs werden: Ein Gast moniert, daß der Wodka bitter (*gorka*) sei. Nun muß sich das Brautpaar so lange küssen, bis der Wodka süß geworden ist und die Gäste mit ihren «Gorka, gorka»-Rufen aufgehört haben. Das Trinken ist vielen für einen gelungenen Abend noch wichtiger als das Essen. Die Trunksucht gehört zur russischen Geschichte wie die Leibeigenschaft, mit dem Unterschied, daß sie nicht per Verordnung abgeschafft werden kann. Genau das aber versuchte seinerzeit der im Westen so beliebte Sowjetführer Gorbatschow. Seine groß angelegte Prohibitionskampagne verkehrte sich ins Gegenteil. Die Millionen gern geleugneter Alkoholabhängiger befriedigten ihre Sucht auf fatale Art: Sie stellten ihren Schnaps selbst her (*ssamagon*) und verwendeten in Ermangelung reinen Trinkalkohols Brennspiritus, Methylalkohol, Kölnischwasser oder gar Bremsflüssigkeit. Keine Statistik verzeichnet die Opfer dieser verfehlten Politik. Eine andere Folge war der chronische Zuckermangel in den Geschäften. Auch im Postkommunismus ist der Alkoholismus ein zentrales Problem. Fatal ist, daß viele Russen nicht trinken, weil es schmeckt, sondern um sich zu betrinken. Um die Alltagsprobleme zu vergessen, die Angst vor Hunger, Einsamkeit und Arbeitslosigkeit. In kaum einer europäischen Großstadt sieht man so viele Betrunkene, an Bushaltestellen, an den Eingängen der Metrostationen, in der Gosse wie in Moskau.

piwa (neutr.) *Bier*

wino *Wein*

krassnaje *roter*

bjelaje *weißer*

schampansskaje *Sekt*

nalitj *eingießen*

tschaj *Tee*

kofje *Kaffee*

mineralnaja wada
Mineralwasser

pepssi *Cola*

ssok *Saft*

dawaj(tje)
laß(t) uns / lassen Sie uns

wypjim *trinken wir*

sa wasche sdarowje
auf Ihre Gesundheit

kakije u wass ...
Welche ... haben Sie

napitak, Plural **napitki** *Getränk*

butylka *Flasche*

ssewodnja *heute*

Darauf stößt man an

Wypjim sa	Trinken wir auf
sdarowje	die Gesundheit
snakomsstwa	die Bekanntschaft
gosstepriimsstwa	die Gastfreundschaft
ssatrudnitschesstwa	die Zusammenarbeit
mir i drushbu	Frieden und Freundschaft
sswetlaje buduschcheje	eine glückliche Zukunft

Mehrzahl

Hauptwörter erhalten im Nominativ Plural die Endungen **-i**, **-y**, **-a**, oder **-ja**. Maskulina und Feminina: **-i** oder **-y** Neutra: **-a** oder **-ja**

Einzahl	**Mehrzahl**	**Einzahl**	**Mehrzahl**
waksal	waksal-y	win-o	win-a
mush	mush-i	mor-je	mor-ja
ryb-a	ryb-y		
butylk-a	butylk-i		

Die Adjektivendungen sind im Plural für alle Geschlechter gleich, im Nominativ lauten sie -yje oder -ije.

Einzahl	**Mehrzahl**	**Einzahl**	**Mehrzahl**
bjel-yj	bjel-yje	kak-oj	kak-ije
krassn-aje	krassn-yje	drug-oj	drug-ije
galodn-aja	galodn-yje		

Weitere Beispiele:
mineralnyje wady bjelyje wina interessnyje prafessii

Die gleichen Endungen der Mehrzahl gelten im Akkusativ, wenn es sich nicht um Personen handelt.

8 Reden

In der Bar

Dobryj wetscher.	Guten Abend.
Sdrasstwujtje. Schto wam prinessti?	*Guten Tag. Was darf ich Ihnen bringen?*
Piwa i wodku. Schto u wass moshna pajesstj?	Bier und Wodka. Was gibt es bei Ihnen zu essen?
Ssewodnja u nass tolka pelmeni.	*Heute gibt es bei uns nur Pelmeni.*

Wam jeschcho nalitj?	Darf ich Ihnen noch einschenken?
Tschutj-tschutj. Sspassiba.	*Ein wenig. Danke.*
Dawajtje wypjim sa snakomsstwa.	Lassen Sie uns auf die Bekanntschaft trinken.
Abjisatjelna. I sa wasche sdarowje.	*Unbedingt. Und auf Ihre Gesundheit.*
Sspassiba. Äta wino nitschewo.	Danke. Dieser Wein ist nicht übel.
Ano is Italii.	*Er ist aus Italien.*

U was jesstj menju?	Haben Sie eine Karte?
Njet. Schto wam prinessti?	*Nein. Was kann ich Ihnen bringen?*
A kakije u wass napitki?	Und welche Getränke haben Sie?
Tschaj, kofje, wodka, schampansskaje,...	*Tee, Kaffee, Wodka, Sekt, ...*
Kakoje schampansskaje?	Was für einen Sekt?
Polussuchoje.	*Halbtrockenen.*
Äta charascho. Ja wasmu butylku.	Das ist gut. Ich nehme eine Flasche.

Pepssi, pashalyssta.	Eine Cola bitte.
Pepssi u nass njet.	*Cola haben wir nicht.*
Tolka mineralnaja wada.	*Nur Mineralwasser.*
A ssok?	Und Saft?
Toshe njet. Jeschcho jesstj tschaj.	*Auch nicht. Tee gibt es noch.*
Dawajtje, ja wasmu tschaj.	Na gut, ich nehme Tee.

schampanskaje in allen Variationen

ssladkkaje	süß	**ssuchoje**	trocken
polussladkaje	halbsüß	**brjut**	extra dry
polussuchoje	halbtrocken	**krymsskaje**	Krimsekt

Der Sekt ist in aller Regel mindestens eine Stufe süßer, als die Bezeichnung vermuten läßt.

Üben

1. Finden Sie den Oberbegriff

1. mjassa, kartoschka, ryba
2. ssalat, griby, ikra
3. piwa, ssok, tschaj
4. borschch, schchi, ssoljanka
5. frukty, maroshennaje

a ssup
b sakusski
c garjatscheje
d dessert
e napitki

2. Was paßt nicht?

1. wino, wodka, schampansskaje, ssok, ssamagon
2. mjassa, moshna, ryba, kartoschka, griby
3. dessert, sakusska, pajesstj,napitki, ssup
4. pjatj, nalitj, wypjim, papasstj, pajesstj
5. krassnaje, ssuchoje, kakoje, ssladkaje, bjelaje

3. Richtig einsetzen

1. Dawajtje wypjim sa .... (Ihre Gesundheit)
2. Wam jeschcho .... ? (eingießen)
3. Ja wasmu .... (Fisch und Kartoffeln)
4. U wass moshna .... ? (essen)
5. Kakije u wass jesstj .... ? (Getränke)

4. Übersetzen Sie

1. Kakije u wass napitki?
2. Ssewodnja u nass tolka ryba.
3. U wass jesstj krassnaje schampansskaje?
4. Ja wasmu mineralnuju wodu i patom wodku.
5. Moshna wam jeschcho nalitj?

5. Worauf stoßen Sie an?

1. sa snakomsstwa
2. sa ssatrudnitschesstwa
3. sa sdarowje
4. sa mir i drushbu
5. sa gosstepriimsstwa

a auf Frieden und Freundschaft
b auf die Gastfreundschaft
c auf die Bekanntschaft
d auf die Gesundheit
e auf die Zusammenarbeit

6. Bilden Sie die Mehrzahl

1. resstaran **2.** lampa **3.** kljutsch **4.** maschyna **5.** sstudjent
6. prafessija **7.** ryba **8.** butylka **9.** afizjant **10.** wino **11.** ssup

Im Restaurant

«Am Sonntag bleibt die Küche kalt…», das gibt es in Rußland nicht. Keine normale russische Familie käme auf die Idee, eine Mahlzeit ins Restaurant zu verlegen. Dabei könnte nämlich ein Monatsgehalt buchstäblich verbraten werden. Allenfalls das Hochzeitsmahl wird im Restaurant eingenommen, weil die Enge der Wohnungen keine größeren Feiern zu Hause zuläßt. Wer aber hält die russische Gastronomie am Leben? Das sind Touristen, Geschäftsleute und Vertreter der Ober-, Halb- und Unterwelt. Seit 1987 das erste private Restaurant in Moskau öffnete, boomt die Gastronomie überall dort, wo Ausländer hinkommen. Auf dem Land dagegen gibt es sie kaum. Inzwischen sind in den Großstädten alle Küchen der Welt vertreten und bieten für jeden Gaumen das Passende. In den Spezialitätenrestaurants werden Tische in der Regel telefonisch vorbestellt, ein Menü festgelegt und der Preis vereinbart. Betritt man das Restaurant, wird man zum Tisch geführt, der bereits mit appetitlichen Vorspeisen überladen ist. Wer sich da nicht etwas zügelt, verspielt den Platz im Magen für die folgenden Gänge.
Zum Essen spielt meist eine Band: alles vom russischen Schlager über Evergreens zur amerikanischen Hitparade, es darf getanzt werden. Manchmal ziehen ganze Folkloregruppen mit Balalajka und Flöte von Tisch zu Tisch, Kellner servieren in Landestracht. Während die Spezialitätenrestaurants mit ihren magen- und abendfüllenden Menüs vorwiegend von zigarrenrauchenden Kaukasiern, europäischen Geschäftsleuten und kulturbewußten Touristen frequentiert werden, bevorzugt die junge russische Geldelite das Essen à la carte. Das kann man am besten im *kafä*, das im Prinzip genauso viel bietet wie ein Restaurant.
Manche Hotels bieten einen *schwedsskij sstol* an. Man zahlt Eintritt und kann sich am Buffet frei bedienen. Nur Getränke gehen extra.

In der *sstalowaja* gibt es Kantinenkost von der minderen Sorte, das *bisstro* bietet Imbisse wie *schaschlik* oder *piraschki*. Die Bezeichnung «Bistro» geht übrigens auf das russische Wort *bysstra* (schnell) zurück. Mit diesem Ausruf trieben russische Besatzungssoldaten 1814 in Paris französische Kellner zur Eile an. Am *bufet* im Theater und in der *bar* gibt es *butjerbrody*, belegte Brote also, Kuchen oder Konfekt. In der *piwnaja* oder *piwnoj bar* trinkt man vor allem Bier, und manchmal gibt es auch etwas Eßbares dazu.

sakasatj sstol *Tisch bestellen*

tuda *dorthin*

wetscheram *abends, am Abend*

ätat, äta, äti
dieser, diese(s), diese

schto äta takoje? *Was ist das?*

afizjant *Kellner*

djewuschka
junge Frau, Fräulein

tagda *dann*

prijatnawa appetita
Guten Appetit

wkussna *köstlich*

ssweshij, ssweshaja, ssweshije
frisch

schchot *Rechnung*

ssdatscha *Wechselgeld*

Diese Verben kennen Sie bereits

konjugierte Form	Infinitiv	
sawut	**swatj**	heißen, nennen
gawaritje	**gawaritj**	sprechen
panimaju	**panimatj**	verstehen
jesstj, byli	**bytj**	sein
rabotajet	**rabotatj**	arbeiten, funktionieren
sakryt	**sakrytj**	schließen
atkryt	**atkrytj**	öffnen
passmatrju	**passmatretj**	schauen
sskashitje	**sskasatj**	sagen
snaju	**snatj**	wissen
dam	**datj**	geben
ssaditjess	**ssaditssa**	sich setzen, einsteigen
wasmu	**wsjatj**	nehmen
dawajtje	**dawatj**	geben
wypjim	**wypitj**	austrinken, anstoßen

Vergangenheit

Die Vergangenheitsformen des Verbs sind leicht zu bilden. Man braucht den Infinitiv des Verbs und setzt an die Stelle der Infinitivendung **-tj** oder **-sstj** die Vergangenheitsendungen **-l** für männlich, **-la** für weiblich, **-lo** oder **-la** für sächlich und **-li** für die Mehrzahl.

sakasatj *bestellen*

ja sakasa-l, **sakasa**-la
ty sakasa-l, **sakasa**-la
on sakasa-l, **ana / ano sakasa**-la

my sakasa-li
wy sakasa-li
ani sakasa-li

weitere Beispiele: wypi-tj – wypi-l, papa-sstj – papa-l, nali-tj – nali-l, paje-sstj – paje-l, sna-tj – sna-l

9 Reden

Im Restaurant

Wy ushä byli w resstaranje «Praga»?	Waren Sie schon im Restaurant «Praga»?
Da, ja byla tam. Tam moshna charascho pajesstj.	*Ja, ich war dort. Dort kann man gut essen.*
Pajechali tuda ssewodnja wetscheram.	Lassen Sie uns heute abend dorthin fahren.
Tam nushna sakasatj sstol.	*Dort muß man einen Tisch bestellen.*
Ja ushä sakasal sstol.	Ich habe schon einen Tisch bestellt.

Wot menju. Schto wam prinessti?	Hier ist die Karte. Was darf ich Ihnen bringen?
«Assjotr», schto äta takoje?	*«Assjotr» (Stör), was ist das?*
Äta ryba.	Das ist ein Fisch.
Ana ssweshaja?	*Ist der frisch?*
Abjisatjelna.	Natürlich.
Ja wasmu sakusski, patom rybu i kartoschku.	*Ich nehme Vorspeisen, danach Fisch und Kartoffeln.*
A na dessert?	Und zum Dessert?
Nitschewo, sspassiba. Kakije u wass napitki?	*Nichts, danke. Welche Getränke haben Sie?*
U nas jesstj wssjo.	Wir haben alles.
Tagda ja wasmu wodku, mineralnuju wodu i patom kofje.	*Dann nehme ich Wodka, Mineralwasser und danach Kaffee.*

Wot wssjo jesstj. Prijatnawa appetita.	Da ist alles. Guten Appetit.
Sspassiba. Dawajtje wypjim sa snakomsstwa.	*Danke. Lassen Sie uns auf die Bekanntschaft anstoßen.*
My wssjo wypili.	Wir haben alles leergetrunken.
Tagda nushna jeschcho sakasatj wino.	*Dann müssen wir noch Wein bestellen.*
Afizjant! Jeschcho butylku, pashalyssta.	Ober! Noch eine Flasche bitte.

Djewuschka, schchot, pashalyssta.	Fräulein, die Rechnung bitte.
Kak byla äta ryba?	*Wie war der Fisch?*
Otschen wkussna, sspassiba.	Ganz köstlich, danke.
Wot ssdatscha.	*Hier ist das Wechselgeld.*
Nje nushna.	Nicht nötig.
Sspassiba balschoje. Da sswidanja.	*Vielen Dank. Auf Wiedersehen.*

Üben

1. Finden Sie die richtige Vergangenheitsform

1. Wy tam charascho .... ? (pajesstj)
2. Ana .... jeschcho butylku. (sakasatj)
3. Afizjant .... tolka wetscheram. (rabotatj)
4. Ani wssjo .... (wypitj)
5. Ja wam ushä .... kofje. (nalitj)

2. Sagen Sie es auf Russisch

1. Welche Getränke haben Sie?
2. Dort kann man sehr gut essen.
3. Was ist das?
4. Man muß einen Tisch bestellen.
5. Die Rechnung bitte.

3. «nushna» oder «moshna»

1. Tam .... sakasatj sstol.
2. W resstaranje .... charascho pajesstj.
3. Kuda wam .... ?
4. .... pajesstj w kafä?
5. Wot ssdatscha. – Nje ....
6. .... jeschcho sakasatj butylku.

4. Richtig oder falsch?

1. Ikra i griby – sakusski. **2.** W barje moshna charascho pajesstj. **3.** Afizjant rabotajet wetscheram. **4.** Warenje – äta napitok. **5.** Dawajtje wypjim sa schchot.

5. Was gehört zusammen?

1. ryba **2.** wino **3.** sakasatj **4.** prijatnawa **5.** ssewodnja
a krassnaje **b** appetita **c** wetscheram **d** ssweshaja **e** sstol

6. Was nehmen Sie? «Ja wasmu ssup»

1. Suppe **2.** Eis **3.** Weißwein **4.** Kartoffeln **5.** Fisch **6.** Bier **7.** Früchte **8.** Pilze

Z

Alle Wörter

Restaurant

Vorspeise
sakusska

Suppe
ssup

Hauptgericht
garjatscheje

Nachspeise
dessert

Getränk
napitok,
Pl. napitki

Kellner
afizjant

Kellnerin
djewuschka

Speisekarte
menju

Rechnung
schchot

Wechselgeld
ssdatscha

Essen

Fleisch
mjassa (neutr.)

Fisch
ryba

Kaviar
ikra

Kartoffeln
kartoschka

Pilze
griby

Früchte
frukty

Eis
maroshennaje

Guten Appetit
prijatnawa appetita

Verb & Co.

essen
pajesstj

was darf ich Ihnen bringen?
schto wam prinessti?

ich nehme
ja wasmu

eingießen
nalitj

lassen Sie/ laß(t) uns
dawaj(tje)

trinken wir auf
wypjim sa

Tisch bestellen
sakasatj stol

was ist das?
schto äta takoje?

man darf, kann
moshna

man muß
nushna

Trinken

Flasche
butylka

Bier
piwa (neutr.)

Wein
wino

Weißwein
bjelaje wino

Rotwein
krassnaje wino

Sekt
schampansskaje

Tee
tschaj

Kaffee
kofje

Mineralwasser
mineralnaja wada

Saft
ssok

Cola
pepssi

auf Ihr Wohl
sa wasche sdarowje

Kleine Wörter

hungrig
galodnyj, galodnaja, Pl. galodnyje

unbedingt, natürlich
abjisatjelna

alles
wssjo

welche .... haben Sie?
Kakije u wass ...?

heute
ssewodnja

dorthin
tuda

ätat, äta, äti
dieser, diese(s), diese

abends, am Abend
wetscheram

köstlich
wkussna

frisch
ssweshij, ssweshaja, Pl. ssweshije

dann
tagda

Z

Dritte Gruppe: Buchstaben, die so klingen wie Buchstaben im deutschen Alphabet, aber anders geschrieben werden

Б б	B b	Л л	L l
Г г	G g	П п	P p
Д д	D d	Ф ф	F f
З з	S s	Ц ц	Z z
И и	I i	Э э	Ä ä
Й й	J j		

1. Worte mit den «Neuen»

берег	**bereg**	Ufer
год	**god**	Jahr
дом	**dom**	Haus
зона	**sona**	Zone
или	**ili**	oder
дикий	**dikij**	wild
фарфор	**farfor**	Porzellan
цена	**zena**	Preis
это	**äta**	das ist, dieses

2. Diese Wörter verstehen Sie ohne Übersetzung

май	maj	**кило**	kilo
лампа	lampa	**фотограф**	fotograf
лифт	lift		

3. Getränke

сок	**ssok**	Saft
молоко	**malako**	Milch
пиво	**piwa**	Bier
кофе	**kofje**	Kaffee
вода	**wada**	Wasser
водка	**wodka**	Wodka
вино	**wino**	Wein
лимонад	**limanad**	Limonade

Hier sind alle Buchstaben verlangt:

4. Das gehört zu einem Menü:

закуска	**sakusska**	Vorspeise
суп	**ssup**	Suppe
десерт	**dessert**	Dessert
напитки	**napitki**	Getränke
рыбные блюда	**rybnyje bljuda**	Fischgerichte
мясные блюда	**mjassnyje bljuda**	Fleischgerichte
прибор	**pribor**	Gedeck

Ⓩ Hier fehlt's

Lesen Sie sich den Dialog durch, und tragen Sie die fehlenden Wörter ein. Wenn Sie nicht mehr weiterwissen, dann dürfen Sie auf die nächste Seite schielen:

Wetscheram

Dialog 1

Dobryj wetscher. Wy sakasali ....?
Da.Menja sawut Wadim Schurin.
Tuda, pashalyssta. .... wam prinessti?
Sakusski my ushä ...., a patom ja jeschcho nje snaju.
Ssewodnja u nass ssweshaja ryba i kartoschka.
Dawajtje, ja .... rybu i kartoschku.

Dialog 2

Schto wam ....?
Wodku i wino.
.... wino?
Krassnaje, pashalyssta. Schto u was moshna pajesstj?
U nas nje .... pajesstj.
Wy w barje a nje w resstaranje.
U was nitschewo njet? Djewuschka, my otschen galodnyje.
Tolka piraschki.
Tagda ja wasmu piraschki.

Dialog 3

Dawajtje wypjim .... snakomsstwa.
Abjisatjelna. I sa .... sdarowje.
I sa mir i drushbu. Wam jeschcho .... ?
My ushä wssjo wypili.
Afiziant! U was jestj jeschcho polussuchoje .... ?
Njet, tolka ssladkaje.
Tagda .... wasmu wino.

Dialog 4

Oh, resstaran ushä sakryt.
A bar ....
Ja galodnyj. .... tam pajesstj?
Tolka ssassisski.
«Ssassisski», ... äta takoje?
Äta pa-nemjezki «Würstchen».
Charascho, ja tagda .... ssassisski.

Hier steht's

Hören Sie sich den Dialog von der Cassette an, oder lesen Sie ihn sich durch. Vergleichen Sie dann die Lösungen, die Sie gefunden haben, und plappern Sie einfach nach:

Am Abend

Dialog 1

Dobryj wetscher. Wy sakasali sstol?
Da.Menja sawut Nadjeshda Rosowa.
Tuda, pashalyssta. Schto wam prinessti?
Sakusski ja ushä sakasala, a patom ja jeschcho nje snaju.
Ssewodnja u nass ssweshije griby i mjassa.
Dawajtje, ja wasmu griby i mjassa.

Dialog 2

Schto wam prinessti?
Wodku i schampansskaje.
Kakoje schampansskaje?
Ssuchoje, pashalyssta. U was moshna pajesstj?
U nas nje moshna pajesstj.
Wy w barje a nje w resstaranje.
U was nitschewo njet? Djewuschka, ja otschen galodnyj.
Tolka bliny.
Tagda ja wasmu bliny.

Dialog 3

Dawajtje wypjim sa snakomsstwa.
Abjisatjelna. I sa wasche sdarowje.
I sa ssatrudnitschesstwa.Wam jeschcho nalitj?
My ushä wssjo wypili.
Afizjant! U wass jesstj jeschcho ssuchoje schampansskaje?
Njet, tolka polussladkaje.
Tagda ja wasmu wino.

Dialog 4

Oh, resstaran ushä sakryt.
A bar atkryt.
Ja galodnaja. Moshna tam pajesstj?
Tolka katlety.
«Katlety», schto äta takoje?
Äta pa-nemjezki «Frikadelle».
Charascho, ja tagda wasmu katlety.

Ⓩ

Prüfstand

1. Haben Sie aufgepaßt?

1. «Ssamagon» ist
- **a** ein Oberleitungsbus.
- **b** ein Hefegebäck.
- **c** selbstgebrannter Schnaps.

2. Der beste Kaviar ist
- **a** rot, grobkörnig, kräftig im Geschmack und vom Ketalachs.
- **b** schwarz, feinkörnig, salzig, vom Sewrugastör.
- **c** grau, grobkörnig, leicht salzig, vom Belugawal.

3. Russische Frauen
- **a** zaubern köstliches Hefegebäck.
- **b** gehen regelmäßig zu den weight watchers.
- **c** schicken die Familie am Wochenende ins Restaurant.

4. Das Wort «Bistro» kommt
- **a** von kellnernden russischen Emigranten in Paris.
- **b** vom Erfinder des Schnellkochtopfs.
- **c** von russischen Besatzern in Paris zur Zeit Napoleons.

5. Die «sstalowaja»
- **a** bietet genießbare bis ungenießbare Kantinenkost.
- **b** ist eine russische Küchenfee.
- **c** ist ein russisches Spezialitätenrestaurant.

2. Viele von einer Sorte

1. Kellner **2.** Rechnungen **3.** Telefone **4.** Getränke **5.** Hotels **6.** Berufe **7.** Rotweine **8.** Mineralwässer **9.** Fische **10.** Flaschen **11.** Studenten **12.** Meere

3. Rätsel

1. Er nimmt die Bestellung entgegen.
2. Man wünscht es sich zum Essen.
3. Russen essen es nicht nur im Sommer.
4. Darauf steht, was man konsumiert hat.
5. Man läßt es sich zurückgeben oder auch nicht.

4. Russische Spezialitäten, ordnen Sie zu

1. bliny
2. schchi
3. piraschki
4. warenje
5. ssamagon
6. ikra

a selbstgebrannter Schnaps
b Marmelade
c Kaviar
d Kohlsuppe
e Pfannkuchen
f Piroggen

5. Vergangenheit

1. Ja nje .... sstol w restaranje. (sakasatj)
2. On .... na ulizu Gerzena. (papasstj)
3. Ana nitschewo nje .... pa-russki. (panimatj)
4. My wssjo .... (wypitj)
5. Wy jeschcho nje .... (pajesstj)

6. Haben Sie das?

«U was jesstj **kofje**?»
1. Kaffee **2.** Saft **3.** Fisch **4.** Rotwein **5.** Speisekarte **6.** Mineralwasser **7.** Früchte **8.** Kartoffeln **9.** Salat **10.** Pilze

7. Wie lautet der Infinitiv dieser Verben?

1. snaju
2. passmatrju
3. gawaritje
4. byli
5. wypjim
6. rabotajet
7. sakasala
8. panimaju

Magasiny i

Geschäfte und Märkte

Jahrzehntelang prägte sie im Westen das Bild Rußlands: Die nicht endenwollende Schlange von Sowjetmenschen, eingehüllt in braune Wintermäntel und Pelzmützen oder Kopftücher, die stundenlang klaglos in Eiseskälte vor einem Geschäft verharren, um ein Paar Schuhe, ein Kilo Weintrauben oder ein paar Rollen Toilettenpapier zu erstehen. Die Warteschlange war *das* Symbol der sozialistischen Fehlplanwirtschaft. Aber sie war auch Ort der Kommunikation, Ort der Gespräche übers Wetter, über Beziehungsprobleme, über die alltägliche Lebensmisere, manchmal auch Ort von Rangeleien und Schlägereien.

Die Warteschlangen auf der Straße sind selten geworden. Mit den ersten zaghaften Wirtschaftsreformen vergrößerte sich das Angebot und erhöhten sich die Preise. Die anhaltende politische Instabilität läßt die industrielle Produktion sinken und begünstigt damit Spekulantentum. Die solcherart erzielten Gewinne werden nicht langfristig produktivitätssteigernd investiert, sondern privat ausgegeben. Innovation bedeutet bei russischen Unternehmen oft nur, daß der Firmenchef sich ein Autotelefon oder eine Ferienwohnung auf den Kanaren zulegt. Auch der *mjelkij bisness* (Kleinhandel) hat nur eine Scheinverbesserung des Angebots gebracht. Die Jungunternehmer verteuern als Endverkäufer die Preise

zusätzlich und stecken die Gewinne privat ein. Den Todesstoß erhält die Wirtschaft jedoch von der Mafia. Ungehindert von Polizei und Geheimdienst oft auch in Zusammenarbeit mit diesen Institutionen, kontrolliert sie mit ihrem destruktiven Wirken jede größere Geld- oder Warenbewegung im Land, erstickt jedes unabhängige Pflänzchen engagierten Unternehmertums und lähmt so die Handlungsfähigkeit von Politik und Staat.

Die Öffnung zum Westen brachte einen rapiden Währungsverfall mit sich. So entstand ein Zweiklassensystem, das der Devisenbesitzer und -nichtbesitzer. Ein großer Teil des Angebots besteht aus Importwaren, die nur zu westlichen Preisen zu haben sind. Wer aber leistet sich eine Salami für zehn Mark, wenn der Monatslohn umgerechnet hundertfünfzig Mark beträgt? So ist auch für den Durchschnittsbürger das Alltagsleben ein Überlebenskampf. Vielleicht mehr denn je. Wie immer, wenn eine Wirtschaft den Bach hinuntergeht, trifft es die Schwächsten zuerst: Rentner, Arbeitslose, Kinder. Staatliches Sozialsystem und soziales Gefüge drohen auseinanderzubrechen. Und wer weder Arbeit noch Familie hat, landet fast unweigerlich auf der Straße.

10 Lesen

Einkaufen in Rußland ist ein kleines Abenteuer. Wer aus Geldmangel auf die russische Produktion angewiesen ist, braucht nicht nur Geduld und Glück, sondern darf auch keine allzu großen Ansprüche an die Qualität der Waren stellen. Ein Besuch in einer russischen Metzgerei hat schon manchen zum Vegetarier werden lassen. Und wer die jugendlichen Kleinhändler in importierten Baumwollshirts und Daunenjacken sieht, ärgert sich über die Polyester-Kollektionen russischer Produktion. Wenn das Geld jedoch keine Rolle spielt, kann man in Rußland hervorragend leben. Das Angebot in den Geschäften ist international, und die Gemüsemärkte (*basar* oder *rynok*) bieten beste Qualität. Dort stehen rotbackige Frauen hinter Pyramiden rotbackiger Äpfel, deuten selbstbewußt auf blankgeputztes Gemüse und duftenden eingelegten Knoblauch; stämmige Männer bewachen frisch gefangene Fische und aufgehängte Schweinehälften, und zahnlose Mütterchen Rußland strecken dem Besucher auf Papierstreifen Käsehäppchen und Honig zum Probieren entgegen.

Ein Relikt aus Sowjetzeiten ist die umständliche Art der Bezahlung in den Läden. Der Käufer wählt eine Ware aus und läßt sich den Preis nennen. Dann stellt er sich an der Kasse an und bezahlt den genannten Betrag. Mit dem Kassenbon, *tschek*, geht er nun zurück und läßt sich gegen den Bon die Ware aushändigen. So hat er für ein Stück Käse oder ein Brot dreimal Schlange gestanden. Inzwischen gibt es auch Supermärkte mit Selbstbedienung (*uniwerssam*), aber sie konnten sich bisher nicht durchsetzen.

Zahlen von 11 bis 1 Million

11	adinnazatj	60	schessdessjat
12	dwenazatj	70	ssjemdessjat
13	trinazatj	80	wossjemdessjat
14	tschetyrnazatj	90	djewinossta
15	pitnazatj	100	ssto
16	schessnazatj	200	dwessti
17	ssjemnazatj	300	trissta
18	wossjemnazatj	400	tschetyrjessta
19	djewjatnazatj	500	pitssot
20	dwazatj	600	schessot
21	dwazatj adin	1000	tyssjatscha
22	dwazatj dwa	2000	dwe tyssjatschi
30	trizatj	5000	pjatj tyssjatsch
40	ssorak	1 000 000	million
50	pitdessjat	0	nolj

schto wy chatitje? *was möchten Sie?*

kupitj *kaufen*

pradukty *Lebensmittel*

mnoga *(mit. Gen.) viel*

magasin *Geschäft*

rynak, rynki *Markt, Märkte*

passmatritje *schauen Sie*

sskolka sstoit/sstojat *wieviel kostet/kosten*

kilagramm *Kilo*

chljeb *Brot*

bulatschka *Brötchen*

owaschchi *Gemüse*

jablaka (neutr.) *Apfel*

sabytj *vergessen*

paket *Tüte*

ssumka *Tasche*

ili *oder*

Genitiv der Substantive

Der Genitiv (wessen? woher? wieviel?) wird im Russischen wesentlich häufiger gebraucht als im Deutschen. Neben dem normalen Gebrauch nach Hauptwörtern (die Tür des Hauses) wird er erforderlich nach einigen Tätigkeitswörtern (z.B. wünschen, wollen, bitten, suchen, warten), nach Präpositionen (aus, für, bei, von, bis, ohne), nach fast allen Arten von Zahlen und Mengen und bei der Verneinung (in der Bedeutung «nicht haben» oder «nicht sein»). Die regelmäßigen Endungen in der Einzahl sind **-a -ja** für Maskulinum und Neutrum, **-y** und **-i** für Femininum. In der Mehrzahl sind die Endungen **-ow**, **-aw**, **-ew** oder **-ej** für Maskulinum und für Feminum **-(j)ej**, oder der letzte Vokal der Nominativform fällt weg.

Beispiele:

Einzahl		
Nominativ	Genitiv	
dollar	tri dollar-**a**	*drei Dollar*
win-o	butylka win-**a**	*eine Flasche Wein*
prepadawatjel-j	u prepadawatjel-**ja**	*beim Lehrer*
paket, ssumk-a	njet paket-**a** ili ssumk-**i**	*es gibt keine Tüte oder Tasche*
maschyn-a	na ulize njet maschin-**y**	*auf der Straße ist kein Auto*
Mehrzahl		
pradukt-y	magasin pradukt-**aw**	*Lebensmittelgeschäft*
inshenjer	djessjatj inshenjer-**aw**	*zehn Ingenieure*
rubl-i	sskolka rubl-**ej**	*wieviel Rubel*
maschyn-y	mnoga maschy**n**	*viele Autos*

Übrigens sind auch «nitschewo» und «prijatnawa appetita» Genitive.

Einkaufen

Schto wy chatitje?	Was möchten Sie?
Chljeb, pashalyssta.	*Brot bitte.*
Sskolka chljeba i kakoj?	Wieviel Brot und welches?
Wot ätat. On ssweshij?	*Das da. Ist es frisch?*
U nass tolka ssweshij chljeb. Schto jeschcho?	Wir haben nur frisches Brot. Was noch?
Bulatschki jesstj?	*Gibt es Brötchen?*
Jesstj.	Gibt es.
Tagda ja wasmu djessjatj.	*Dann nehme ich zehn.*
Äta wssjo?	Ist das alles?
Da. Sskolka äta sstoit?	*Ja. Was kostet das?*
Dwe tyssjatschi pitssot rublej.	Zweitausendfünfhundert Rubel.
U menja tolka djessjatj tyssjatsch.	*Ich habe nur zehntausend.*
Nitschewo, ssdatscha jesstj. Paket nushna?	Das macht nichts, ich kann wechseln. Brauchen Sie eine Tüte?
Njet, sspassiba. U musha jesstj ssumka.	*Nein, danke. Mein Mann hat eine Tasche.*

Sskashitje, pashalyssta, gdje moshna kupitj pradukty?	Sagen Sie bitte, wo kann man Lebensmittel kaufen?
Wot tam w magasinje G*ASTRONOM.*	*Da drüben im Geschäft* G*ASTRONOM.*
Moshna tam kupitj i chljeb?	Kann man dort Brot kaufen?
Abjisatjelna. Äta magasin praduktaw.	*Natürlich. Das ist ein Lebensmittelgeschäft.*
I frukty i owaschchi?	Und Obst und Gemüse?
Frukty i owaschchi moshna kupitj na rynkje.	*Obst und Gemüse kann man auf dem Markt kaufen.*
A daleko da rynka?	Und ist es weit bis zum Markt?
Nje otschen. I tam jeschcho jesstj mnoga magasinaw.	*Nicht sehr. Und dort gibt es noch viele Geschäfte.*
Schto tam moshna kupitj?	Was kann man da kaufen?
Tam moshna kupitj wssjo, nje tolka pradukty.	*Da kann man alles kaufen, nicht nur Lebensmittel.*
Sspassiba balschoje.	Vielen Dank.

Passmatritje, kakije frukty!	Schauen Sie, was für Früchte!
Sskolka sstojat wot äti jablaki?	*Wieviel kosten diese Äpfel da?*
Pjatj tyssjatsch rublej kilagramm.	Fünftausend Rubel das Kilo.
Ja wasmu wossjem jablak.	*Ich nehme acht Äpfel.*
Schto wam jeschcho nushna?	Was brauchen Sie noch?
U was jesstj owaschchi?	*Haben Sie Gemüse?*
Njet, tolka frukty.	Nein, nur Obst.
Tagda äta wssjo.	*Dann ist das alles.*
U was njet ssumki. Ja wam dam paket.	Sie haben keine Tasche. Ich gebe Ihnen eine Tüte.
Sspassiba. Ja sabyla ssumku.	*Danke. Ich vergaß die Tasche.*

1. Übersetzen Sie

1. Schauen Sie, was für ein Gemüse!
2. Ich habe keine Tüte, aber eine Tasche.
3. Obst kann man im Geschäft und auf dem Markt kaufen.
4. Ich habe die Brötchen im Geschäft vergessen.
5. Wieviel kostet dieses Brot?

2. Welches Wort paßt nicht in die Reihe?

1. krassiwyj, interessnaje, maroshennaje, charoschij, krassnaja
2. sskolka, mnoga, sslischkam, ssumka, pjatj
3. rynak, kupitj, sabytj, magasin, sstoit
4. sdjess, wot, ssto, tam, tuda

3. Genitiv einsetzen

1. Sskolka .... wam nada?	(chljeb)
2. W zentre jesstj magasin	(pradukty)
3. Äta daleko da ....?	(zentr)
4. Äti frukty sstojat pjatj .... kilagramm.	(dollar)
5. Tam moshna kupitj ssto	(ryby)
6. U .... njet	(wratsch, ssumka)

4. Wie hoch ist der Preis?

1. dwe tyssjatschi ssjemssot rublej
2. tschetyrjessta schessdessjat tri marki
3. trissta djewinossta pjatj dollaraw
4. wossjemdessjat tyssjatsch dwessti dwazatj dwa rublja
5. adinnazatj tyssjatsch ssto ssorak adna marka

5. Entweder oder

«bjelyj ili krassnyj»

1. paket ili .... **2.** frukty ili .... **3.** magasin ili ....
4. afizjant ili .... **5.** chljeb ili ....

6. Was kann man dort kaufen? «Moshna tam kupitj pradukty?»

1. Lebensmittel **2.** Gemüse **3.** Tee **4.** Lampen **5.** Brötchen
6. Fernseher **7.** Taschen **8.** Brot

Im Kaufhaus

Einkaufen gehen, die Lieblingsbeschäftigung der meisten Frauen (und Männer) in Industrieländern, ist in Rußland eine Quelle immerwährenden Frustes. Folgerichtig gibt es kein russisches Wort für Einkaufsbummel. Gut einkaufen heißt für Russen, das Benötigte schnell und zu erschwinglichen Preisen zu besorgen. Während die Versorgung mit frischen Lebensmitteln auf dem Land oft besser ist als in den Städten, ist dort das Angebot an Kleidung und Haushaltswaren so gering, daß die Menschen sich gezwungen sehen, in die Großstadt zu fahren, manchmal Hunderte von Kilometern. Ziel der Besucher sind hauptsächlich die großen Kaufhäuser, in denen die meisten Bedarfsgüter erhältlich sind, allerdings zu saftigen Preisen. Die Kaufhäuser sind in Sektionen (*atdjel*) aufgeteilt, wobei oft mehrere Sektionen die gleichen Waren anbieten. Seit einigen Jahren werden in den Großkaufhäusern auch Verkaufsflächen an ausländische Handelsketten vermietet, die Importware anbieten, manchmal nur gegen Devisen. So sind in Moskau und Sankt Petersburg inwischen sämtliche prestigebewußten Unternehmen von Karstadt bis Yves Saint Laurent mit Geschäften und Niederlassungen vertreten. Preisbewußte und Schnäppchenjäger kommen in russischen Geschäften nur selten auf ihre Kosten. Sonderangebote und Winter- oder Sommerschlußverkauf sind noch nahezu unbekannt. Konkurrenz erhalten die Kaufhäuser durch den Straßenverkauf. An Kiosken und auf Kleidermärkten (*weschchewoj rynak*) haben Russen wenigstens eine geringe Chance, Jeans, Shirts und Jacken zu erschwinglichen Preisen zu erwerben. Während noch vor wenigen Jahren solche Importartikel hauptsächlich von Ausländern angeboten wurden, haben inzwischen Russen diese Erwerbsquelle an sich gezogen. Mit Billigflügen gelangen sie vor allem in die Türkei, decken sich auf Märkten mit Kleidung und Lederwaren ein, die sie dann zu Hause mit geringer Gewinnspanne verkaufen.

Bei Kleidung, importierten Lebensmitteln und bei Möbeln tritt das Mißverhältnis zwischen Preisen und Monatslöhnen besonders zutage. Einige Frauen bessern ihr kärgliches Einkommen auf, indem sie in Kaufhäusern Kleidungsstücke kaufen, um sie am nächsten Metroeingang etwas teurer weiterzuverkaufen. Dort stehen sie, ein Kleidungsstück hochhaltend, während Fußgänger wie an einer menschlichen Wäscheleine an ihnen vorbeieilen. Dieser nicht lizenzierte Kleinhandel ist verboten, und so verwandeln sich die Anbieterinnen beim Herannahen einer Streife in Sekundenschnelle in normale Fußgänger, die gerade vom Einkauf nach Hause gehen wollen.

adjeshda *Kleidung*

schapka *Mütze*

pulower *Pullover*

sslischkam *zu (sehr)*

balschoj *groß*

malenkij *klein*

rasmer *Größe*

primertje *probieren Sie*

krassiwyj *schön*

atdjel *Abteilung*

drugoj *anderer*

kniga *Buch*

passmatretj *anschauen*

sdjess *hier*

no *aber, jedoch*

Genitiv und Präpositiv (auf die Frage wo? worüber?) der Eigenschaftswörter

Eigenschaftswörter richten sich in Geschlecht, Zahl und Fall nach dem Hauptwort, vor dem sie stehen. In der Mehrzahl wird nicht nach grammatischem Geschlecht unterschieden.

	Nominativ	Genitiv	Präpositiv
Einzahl			
mask.	krassiw-yj	krassiw-awa	krassiw-am
	balsch-oj	balsch-owa	balsch-om
	charosch-ij	charosch-ewa	charosch-em
fem.	krassiw-aja	krassiw-aj	krassiw-aj
	balsch-aja	balsch-oj	balsch-oj
	charosch-aja	charosch-ej	charosch-ej
neutr.	krassiw-aje	krassiw-awa	krassiw-am
	balsch-oje	balsch-owa	balsch-om
	charosch-aje	charosch-ewa	charosch-em
Mehrzahl	(mask., fem., neutr.)		
	krassiw-yje	krassiw-ych	krassiw-ych
	balsch-yje	balsch-ich	balsch-ich
	charosch-ije	charosch-ich	charosch-ich

Beispiele:

schapki malenkawa rasmera	Mützen in kleiner Größe
mnoga krassiwych afizjantaw	viele schöne Kellner
w charoschem resstaranje	in einem guten Restaurant
na balschoj ulize	auf der großen Straße

Manche Hauptwörter werden wie Eigenschaftswörter dekliniert (z.B. djeshurnaja, maroshennaje, schampansskaje).

Im Kaufhaus

Moshna u wass kupitj adjeshdu?	Kann man bei Ihnen Kleidung kaufen?
Moshna, no nje sdjess. Äta w drugom atdjelje.	*Kann man, aber nicht hier. Das ist in einer anderen Abteilung.*
Gdje ätat atdjelje?	Wo ist diese Abteilung?
On na wtarom ätashe. Schto wam nushna?	*Sie ist auf der ersten Etage. Was brauchen Sie?*
Schapku.	Eine Mütze.
Schapki nje na wtarom ätashe. Ani na tretjem.	*Mützen sind nicht auf der ersten Etage. Sie sind auf der zweiten.*
A pradukty?	Und Lebensmittel?
Praduktaw u nass njet. Ani w drugom magasinje.	*Lebensmittel haben wir nicht. Die gibt es in einem anderen Geschäft.*
A knigi jesstj?	Aber Bücher gibt es?
Knig toshe njet. Wy w perwyj ras w Rassii?	*Bücher auch nicht. Sind Sie zum ersten Mal in Rußland?*
Njet, no w perwyj ras w Masskwe.	Nein, aber zum ersten Mal in Moskau.

Moshna passmatretj wot ätu schapku?	Darf ich die Mütze da anschauen?
Moshna. Kakoj u wass rasmer?	*Das geht. Welche Größe haben Sie?*
U menja pitdessjat schesstj. Schapka balschaja?	Ich habe 56. Ist die Mütze groß?
Nje snaju. Primertje. Kak ana wam?	*Ich weiß nicht. Probieren Sie. Wie paßt sie Ihnen?*
Sslischkam balschaja.	Zu groß.
No krassiwaja.	*Aber schön.*
U wass jesstj jeschcho schapki drugowa rasmera?	Haben Sie noch Mützen in anderen Größen?
Da, no äta drugije schapki.	*Ja, aber das sind andere Mützen.*
Nitschewo. Moshna passmatretj druguju?	Das macht nichts. Kann ich eine andere anschauen?
Primertje ätu. Äta rasmer pitdessjat schesstj.	*Probieren Sie die. Das ist Größe 56.*
Ana otschen krassiwaja. Ja wasmu ätu. Sskolka ana?	Sie ist sehr schön. Ich nehme diese. Was kostet sie?
Ssto tyssjatsch.	*Hunderttausend.*

Gdje sdjess moshna kupitj pulowery?	Wo kann man hier Pullover kaufen?
Atdjel adjeshdy u nass na wtarom ätashe.	*Die Kleiderabteilung ist bei uns im 1. Stock.*
My byli na wtarom ätashe, no tam nitschewo njet.	Wir waren im 1. Stock, aber da ist nichts.
Ah, da, atdjel sakryt. Tagda na perwam ätashe.	*Ach ja, die Abteilung ist geschlossen. Dann im Erdgeschoß.*
Na perwam my toshe byli. Tam tolka knigi.	Im Erdgeschoß waren wir auch. Da gibt es nur Bücher.
Tagda ja toshe nje snaju.	*Dann weiß ich es auch nicht.*

Schto wy chatitje?	Was möchten Sie?
U wass jesstj pulowery?	*Haben Sie Pullover?*
U nass wssjo jesstj. Kakoj rasmer?	Wir haben alles. Welche Größe?
U menja malenkij rasmer.	*Ich habe eine kleine Größe.*
Wot malenkij. Otschen krassiwyj.	Hier ist ein kleiner. Sehr schön.
Moshna passmatretj ätat pulower?	*Darf ich den Pullover anschauen?*
Pashalyssta. Primertje.	Bitte. Probieren Sie.
On sslischkam malenkij.	*Er ist zu klein.*
Jeschcho jesstj drugije. Wot balschoj.	Es gibt noch andere. Hier ist ein großer.
Charascho. Ja wasmu ätat. Sskolka on sstoit?	*Gut. Ich nehme diesen. Wieviel kostet er?*
Wossjemdessjat tyssjatsch.	Achtzigtausend.

Das Wort mit dem Zeigefinger

Einzahl	**mask.**	**fem.**	**neutr.**	*Mehrzahl*
	dieser	*diese*	*dieses*	*diese*
Nom.	ätat	äta	äta	äti
Gen.	ätawa	ätaj	ätawa	ätich
Akk.	ätat	ätu	ätat	äti
Präp.	ätam	ätaj	ätam	ätich

11 Üben

1. Richtige Endung gesucht

1. W magasinje moshna kupitj schapki balsch .... rasmera.
2. On – mush krassiw .... sstudjentki.
3. U nass jesstj mnoga charosch .... knig.
4. U menja jesstj malenk .... djeti.
5. Tam adna butylka krassn .... wina i adna bjel .... wina.

2. Übersetzen Sie

1. W zentre Masskwy mnoga charoschich resstaranaw.
2. Ätat pulower krassiwyj, no sstoit sslischkam mnoga.
3. U inshenjera balschaja maschyna.
4. Na rynkje njet ssweshich fruktaw.
5. Primertje druguju schapku, äta sslischkam malenkaja.

3. «ätat» ili «drugoj» – «dieser» oder «ein anderer»

1. .... schampansskaje ssladkaje ili ssuchoje?
2. .... ryba nje wkussnaja, ja wam dam ....
3. Schto .... takoje?
4. W zentre jesstj jeschcho .... magasiny.
5. .... chljeb nje ssweshij, ja wasmu ....

4. Was gehört zusammen?

1. Adjeshdu moshna kupitj na drugom ätashe.
2. W zentre jesstj mnoga interessnych magasinaw.
3. U nass tolka schapki balschowa rasmera.
4. Primertje drugoj pulower.
5. Äti knigi moshna passmatretj.

a Probieren Sie einen anderen Pullover.
b Wir haben nur Mützen in großen Größen.
c Diese Bücher darf man anschauen.
d Kleidung kann man auf einer anderen Etage kaufen.
e Im Zentrum gibt es viele interessante Geschäfte.

Öffnungszeiten

Die meisten Geschäfte haben zwischen 10 und 19 Uhr geöffnet, Kaufhäuser in der Regel eine Stunde länger. Lebensmittelgeschäfte schließen mittags von 13-14 Uhr, andere Geschäfte von 14-15 Uhr, Kaufhäuser haben durchgehend geöffnet.

5. Setzen Sie in den Nominativ

1. krassiwuju ssumku **2.** w drugom atdjelje **3.** charoschich knig
4. bjelawa wina **5.** kakich magasinaw **6.** malenkich djetjej
7. ssweshaj ryby

6. Fragen Sie, was das kostet

«Sskolka sstoit ätat chljeb?»
1. Brot **2.** Mütze **3.** Auto **4.** Pullover **5.** Sekt **6.** Buch **7.** Flasche
8. Lampe

Geschlossen

Das Schild an der Eingangstür verrät, warum das Geschäft geschlossen ist (oder auch nicht).

закрыто	sakryta	geschlossen
закрыт иа ремонт	sakryt na remont	wegen Umbaus geschlossen
перерыр	pereryw	Pause
санитарный день	ssanitarnyj djen	Reinigungstag

Vom Adjektiv zum Adverb

Das Eigenschaftswort als Adverb, also in Verbindung mit einem Tätigkeitswort, hat die Endung -o, -a, -e oder -i und wird nicht verändert.

Afizjant rabotajet charascho.	Der Kellner arbeitet gut.
Ja gawarju pa-russki.	Ich spreche russisch.
Ana byla daleko.	Sie war weit weg.
Interessna, kak on gawarit.	Interessant, wie er spricht.

Immer wieder «schto»

schto?	was? wie bitte?
schto wy sskasali?	wie bitte? wie sagten Sie?
da schto ty?	was fällt dir ein?
da schto wy?	was fällt Ihnen ein?
nu schto?	na und?
a schto?	was ist damit? wieso fragst du?
nje sa schto	nichts zu danken
ja nje snal, schto	ich wußte nicht, daß

Souvenirs, Souvenirs!

Was wäre eine Reise ohne ein paar eindrucksvolle Mitbringsel für die Daheimgebliebenen? Aber aufgepaßt: Auch auf dem Kirmesmarkt in Hintertupfingen werden mittlerweile Holzsteckpuppen mit den Konterfeis verflossener Sowjetführer, Preßholzikonen, sowjetische Flaggen, kommunistische Abzeichen, Rotarmistenmützen und -gürtel oder ganze Uniformen feilgeboten. Der Besitz eines solchen Produktes kann also nicht als Beweis für einen Aufenthalt in Rußland gelten. Das Angebot in russischen Geschäften und Kaufhäusern gibt aber auch kaum typisch Russisches her. Erfolgversprechender ist da schon ein Besuch der Flohmärkte, die es in den großen Städten gibt. Dort ist man auf Souvenirjäger aus aller Welt eingestellt. Nicht Ausrangiertes, sondern Traditionelles wird dort angeboten. Nippes und Nützliches, Häßliches und Geschmackvolles wartet auf neue Besitzer. Hier darf auch gefeilscht werden. Samoware sind ein Muß für Teeliebhaber, und wenn die Geräte nicht alt sind, kann man sie in aller Regel auch problemlos ausführen. Die typischen *matrjoschki* gibt es nicht nur aus der Industrieproduktion, sondern auch als handbemalte Kunstwerke mit manchmal mehr als zehn ineinander steckbaren Holzpuppen. Die Stadt Palech östlich von Moskau wurde weltberühmt durch die von Meisterhand bemalten Holzdosen mit russischen Märchenmotiven. Eine Lupe zur Betrachtung der winzigen Gemälde erhöht nicht nur den ästhetischen Genuß, sie hilft auch, echte Bemalungen von bedruckter Plastikfolie zu unterscheiden. Von Ikonen sollte man die Finger lassen. Entweder sind sie nicht echt, oder der Besitz endet an der Zollkontrolle auf dem Flughafen. Unverfänglicher ist da schon Schmuck. Russische Frauen tragen gerne Bernstein (*jantar*) und kräftigen Rotgoldschmuck. Aus der Region Jaroslawl kommt *finift*, kleine emaillierte Metall- oder Porzellanmedaillons, die in reich verschnörkeltes Silber eingefaßt werden. Kunsthandwerk hat in Nordrußland eine lange Tradition. Aus der kleinen Stadt Gshel kommt eine weiße Keramik mit blauem Zwiebelmuster.Tiere, Figuren und Flöten aus bunt angemaltem Ton kommen aus der Gegend von Chochloma. In Pawlowo-Posad, einige hundert Kilometer östlich von Moskau, werden jene schwarz oder weiß grundierten geblümten Tücher (*platok*) gefertigt, die nicht nur ältere Frauen gerne um den Kopf oder die Schultern tragen. Fast überall wird geschnitztes Holzspielzeug angeboten, bei dem eine am Faden schwingende Kugel kämpfende Bären, Holzfäller, pickende Hühner oder rudernde Hasen in Bewegung versetzt. Die auf Märkten angebotenen Ölbilder oder Aquarelle lassen den Betrachter selten ins Schwärmen geraten oder zum Portemonnaie greifen. Die meisten sind gnadenlos kitschig und nichts weniger als originell.

ssuwenir *Souvenir*

schkatulka *Schatulle*

moshet bytj *kann sein, vielleicht*

schto-nibudj *irgend etwas*

dlja *für* (mit Genitiv)

mnje chotschetssa *ich möchte*

solata (neutr.) *Gold*

sserebro *Silber*

nasstajaschchij *echt*

brassljet *Armband*

zepotschka *Kette*

broschka *Brosche*

sskolka daditje?
wieviel geben Sie?

djengi *Geld*

patschemu *warum*

tak *so*

mala *wenig*

So und so einer

Zu **tak** (so) gehört das Fürwort **takoj, takaja, takoje** (so ein) wie zu **kak** (wie?) das Fürwort **kakoj** (welcher). **Takoj** und **kakoj** werden dekliniert wie Adjektive.

Dir und euch, mir und ihm

	ich	*du*	*er/es*	*sie*
Nom.	ja	ty	on/ano	ana
Gen.	menja	tjebja	jewo	jejo
Dat.	mnje	tjebje	jemu	jej
	wir	*ihr/Sie*	*sie*	*sich*
Nom.	my	wy	ani	–
Gen.	nass	wass	ich	ssebja
Dat.	nam	wam	im	ssebje

Dat. = Dativ (wem?) Der Akkusativ entspricht dem Genitiv.

In der dritten Person (Einz. und Mehrz.) wird zur besseren Aussprache nach Präpositionen ein «**n**» eingeschoben:

jewo – dlja njewo,

ich – u nich.

Sind in einem Satz Subjekt und Objekt identisch, muß anstelle des Personalpronomens die entsprechende Form von ssebja = sich eingesetzt werden.

Sstudjent kupil ssebje knigu. *Der Student kaufte sich ein Buch.*
Ani pajeli nje u ssjebja, a w resstaranje.
Sie aßen nicht bei sich (zu Hause), sondern im Restaurant.

12 Reden

Auf Souvenirjagd

Schto wam nushna?	Was brauchen Sie?
Jeschcho nje snaju. Ssuweniry.	*Ich weiß noch nicht. Souvenirs.*
U nass jesstj mnoga ssuweniraw. Passmatritje.	Wir haben viele Souvenirs. Schauen Sie das an.
Schto äta takoje?	*Was ist das?*
Äta schkatulka is Palecha.	Das ist eine Palech-Dose.
Ana nasstajaschchaja?	*Ist sie echt?*
Abjisatjelna. Wot kakaja krassiwaja.	Natürlich. Sehen Sie, wie schön.
Sskolka ana sstoit?	*Wieviel kostet sie?*
Otschen mala. Tolka ssto marak.	Sehr wenig. Nur hundert Mark.
Schto? Tak mnoga?	*Was? So viel?*
Patschemu mnoga? Äta nitschewo dlja wass. Sskolka wy mnje daditje?	Warum viel? Für Sie ist das nichts. Wieviel geben Sie mir?
Ssorak marak.	*Vierzig Mark.*
Nu, sslischkam mala. Wossjemdessjat, charascho?	Also, das ist zu wenig. Achtzig, gut?
Njet, pitdessjat i wssjo.	*Nein, fünfzig und Schluß.*
Dawajtje, ssjemdessjat i ja wam dam jeschcho ätu krassiwuju broschku.	Kommen Sie, siebzig und ich gebe Ihnen noch diese schöne Brosche dazu.
Charascho. Wot ssjemdessjat marak.	*Gut. Hier sind siebzig Mark.*

Schto wam chotschetssa?	Was möchten Sie?
Mnje chotschetssa kupitj ssuwenir. Ja tolka nje snaju, schto.	*Ich möchte ein Souvenir. Ich weiß nur nicht, was.*
Moshet bytj schto-nibudj is solata dlja wass?	Vielleicht etwas aus Gold für Sie?
Hm, moshet bytj. U wass jesstj zepotschki?	*Hm, vielleicht. Haben Sie Halsketten?*
Abjisatjelna. Passmatritje ätu zepotschku.	Natürlich. Schauen Sie diese Kette.
Äta sserebro?	*Ist das Silber?*
Njet, äta bjelaje solata.	Nein das ist Weißgold.
Wot äta malenkaja zepotschka otschen krassiwaja.	*Diese kleine Kette da ist sehr hübsch.*
Äta nje zepotschka, a brassljet.	Das ist keine Kette, sondern ein Armband.
Interessna. Sskolka on sstoit?	*Interessant. Wieviel kostet es?*
Kakije u wass jesstj djengi?	Was für Geld haben Sie?
Rubli i marki.	*Rubel und DM.*

Tagda wy daditje djewinossta tyssjatsch rublej, pashalyssta.	Dann geben Sie bitte neunzigtausend Rubel.
Oj, äta mnoga.	*Oh, das ist viel.*
Njet, äta nje tak mnoga. Äta nasstajaschcheje solata.	Nein, das ist nicht so viel. Das ist echtes Gold.
Nu, charascho. Ja wasmu ätat brassljet.	*Na gut. Ich nehme dieses Armband.*
Ja wam dam jeschcho malenkuju schkatulku dlja njewo.	Ich gebe Ihnen noch eine kleine Schmuckdose dafür.

1. Übersetzen Sie

1. Vielleicht möchten Sie ein schönes Armband? **2.** Wieviel geben Sie mir? **3.** Was für Geld haben Sie? **4.** Ich habe etwas für Sie.

2. Setzen Sie das persönliche Fürwort in der richtigen Form ein

1. Sskashitje ...., gdje moshna kupitj ssuweniry. (my)
2. On .... sakasal sstol w resstaranje. (ana)
3. Ja sabyl .... kupitj ssuwenir w Germanii. (ty)
4. .... chotschetssa pajesstj. (ja)
5. .... sawut Ssergej. (on)

3. Die richtige Frage zur Antwort?

1. U nass jesstj tolka rubli.
a Gdje moshna kupitj marki?
b Kakije u wass jesstj djengi?

2. Da, äta ssuwenir dlja tjebja is Germanii.
a Atkuda äti ssuweniry?
b Äta krassiwaja zepotschka dlja menja?

3. Ja sabyl ssumku na asstanowkje awtobussa.
a Patschemu wam nushna kupitj paket?
b Gdje wy sabyli ssumku?

4. Setzen Sie die richtige Form von «ssebja» ein.

1. Ana kupila .... zepotschku.
2. Mnje chotschetssa kupitj ssuwenir tolka dlja ....
3. My sabyli .... kupitj chljeb.
4. On byl u .... w gasstinize.
5. Ani sakasali .... butylku wina.

5. Welches Souvenir empfehlen Sie?

«Moshet bytj, brassljet?» **1.** Armband **2.** Buch **3.** Schatulle **4.** Brosche **5.** Mütze **6.** Halskette **7.** Pullover **8.** Flasche Wodka **9.** Tasche

Z

Alle Wörter

Besorgungen

Lebensmittel
pradukty

Geschäft
magasin

Markt, Märkte
rynak, rynki

Kilogramm
kilagramm

Brot
chljeb

Brötchen
bulatschka

Obst
frukty

Gemüse
owaschchi

Apfel
jablaka (neutr.)

Tüte
paket

Tasche
ssumka

Geld
djengi

Souvenirs

Souvenir
ssuwenir

Schmuckdose, Schatulle
schkatulka

Gold
solata (neutr.)

Silber
sserebro

Armband
brassljet

Halskette
zepotschka

Brosche
broschka

Im Kaufhaus

Kleidung
adjeshda

Mütze
schapka

Pullover
pulower

Größe
rasmer

Abteilung
atdjel

Buch
kniga

Verb & Co.

was möchten Sie?
schto wy chatitje

ich möchte
mnje chotschetssa

kaufen
kupitj

schauen Sie
passmatritje

wieviel kostet / kosten
sskolka sstoit / sstojat

vergessen
sabytj

pobieren Sie an
primertje

anschauen
passmatretj

vielleicht
moshet bytj

wieviel geben Sie?
sskolka daditje?

Kleine Wörter

viel
mnoga

oder
ili

zu (sehr)
sslischkam

hier
sdjess

aber, jedoch
no

irgend etwas
schto-nibudj

für
dlja m.Gen.

warum
patschemu

so
tak

wenig
mala

Eigenschaften

groß
balschoj

klein
malenkij

anderer
drugoj

schön
krassiwyj

echt
nasstajaschchij

Vierte Gruppe: Buchstaben, die weder im Klang noch im Schriftbild mit dem lateinischen Alphabet übereinstimmen

a) Zischlaute

Ж ж	Sh	sh
Ч ч	Tsch	tsch
Ш ш	Sch	sch
Щ щ	Schch	schch

1. Wörter mit den neuen Buchstaben

дача	datscha	Datscha
хорошо	charascho	gut
щи	schchi	Kohlsuppe
жена	shena	Ehefrau
тоже	toshe	auch
ничего	nitschewo	nichts
машина	maschyna	Auto
пища	pischcha	Nahrung

2. Wörter aus den Lektionen 10-12

овощи	owaschchi	Gemüse
одежда	adjeshda	Kleidung
шапка	schapka	Mütze
цепочка	zepotschka	Halskette
брошка	broschka	Brosche
почему	patschemu	warum

Hier sind alle Buchstaben verlangt

3. Hier wird man sein Geld los

универмаг	uniwermag	Kaufhaus
гастроном	gasstranom	Lebensmittelgeschäft
булочная	bulatschnaja	Bäckerei
банк	bank	Bank
сувениры	ssuweniry	Souvenirs
аптека	apteka	Apotheke
подарки	padarki	Geschenke
дом книги	dom knigi	Buchgeschäft
антикварный магазин	antikwarnyj magasin	Antiquariat

(Z) Hier fehlt's

Lesen Sie sich den Dialog durch, und tragen Sie die fehlenden Wörter ein. Wenn Sie nicht mehr weiterwissen, dann dürfen Sie auf die nächste Seite schielen:

W magasinje

Dialog 1

Schto wam nushna?
Mnje chotschetssa .... ssuweniry.
U nass abjisatjelna jestj schto-nibudj .... wass.
U wass jesstj schkatulki?
Da, wot adna .... nasstajaschchewa sserebra.
Njet, mnje chotschetssa schkatulku is Palecha.
Schkatulki? U nass is Palecha tolka broschki. No matrjoschki jesstj.
.... ich passmatretj?
Wot ani. Tam jesstj balschije i malenkije.
Sskolka ani sstojat?
Äta balschaja .... pitdessjat tyssjatsch rublej.
A wot äta malenkaja?
Ana sstoit ssjemdessjat tyssjatsch.
Patschemu .... mnoga?
Äta otschen mala. Passmatritje, kakaja krassiwaja.
Dawajtje, ja .... ätu krassiwuju matrjoschku.

Dialog 2

Schto wy .... ?
Schto u was moshna kupitj?
Wssjo. Ssuweniry, adjeshdu, ...
Knigi toshe?
Njet, äta .... magasin.
A pradukty?
Pradukty moshna kupitj na ....
A kakije u was jesstj ssuweniry?
Zepotschki, brassljety, schkatulki, matrjoschki, ...
A schapki jesstj?
Tolka balschije.
Mnje nushna balschaja. Moshna ich passmatretj?
Ani sdjess. Wot otschen krassiwaja.Primertje jejo.
Hm, ana .... malenkaja.
Tagda primertje ätu. Ana otschen balschaja.
Ana charoschaja. .... ana sstoit?
Otschen mala. Tolka dwessti tyssjatsch.
Njet, äta sslischkam .... Ja jejo nje wasmu.

Hier steht's

Hören Sie sich den Dialog von der Cassette an, oder lesen Sie ihn sich durch. Vergleichen Sie dann die Lösungen, die Sie gefunden haben, und plappern Sie einfach nach:

Im Geschäft

Dialog 1

Schto wam nushna?
Mnje chotschetssa kupitj ssuweniry.
U nass abjisatjelna jesstj schto-nibudj dlja wass.
U wass jesstj broschki?
Da, wot adna is nasstajaschchewa sserebra.
Njet, mnje chotschetssa broschku is Palecha.
Broschku? U nass is Palecha tolka schkatulki. No matrjoschki jesstj.
Moshna ich passmatretj?
Wot ani. Tam jesstj balschije i malenkije.
Sskolka ani sstojat?
Äta malenkaja sstoit ssjemdessjat tyssjatsch rublej.
A wot äta balschaja?
Ana sstoit ssto tyssjatsch.
Patschemu tak mnoga?
Äta otschen mala. Passmatritje, kakaja krassiwaja.
Dawajtje, ja wasmu ätu krassiwuju matrjoschku.

Dialog 2

Schto wy chatitje?
Schto u wass moshna kupitj?
Wssjo. Ssuweniry, knigi, ...
Adjeshdu toshe?
Njet, äta drugoj atdjel.
A pradukty?
Pradukty moshna kupitj na rynkje.
A kakije u wass jesstj ssuweniry?
Zepotschki, brassljety, schkatulki, matrjoschki, ...
A schapki jesstj?
Tolka malenkije.
Mnje nushna malenkaja. Moshna ich passmatretj?
Ani sdjess. Wot otschen krassiwaja. Primertje jejo.
Hm, ana sslischkam malenkaja.
Tagda primertje ätu. Ana balschaja.
Ana krassiwaja. Sskolka ana sstoit?
Otschen mala. Tolka djewinossta tyssjatsch.
Njet, äta sslischkam mnoga . Ja jejo nje wasmu.

(Z) Prüfstand

1. Haben Sie aufgepaßt?

1. Wie lautet das russische Wort für Kassenbon?

a biljet
b tschek
c jedinyj

2. Welche Art einzukaufen bevorzugen Russen?

a durch Geschäfte bummeln
b in Sonderangeboten stöbern
c schnell alle Besorgungen erledigen

3. Was bedeutet *mjelkij bisness?*

a Imbißstube
b Selbstbedienungsladen?
c Kleinhandel

4. Aus welcher Stadt kommen die besten bemalten Holzdosen?

a Jaroslawl
b Palech
c Pawlowo-Posad

5. Wie heißen die bemalten Holzsteckpuppen?

a jantar
b platok
c matrjoschki

2. Fragen Sie …

1. wieviel ein Kilo Äpfel kostet. **2.** wo man Kleidung kaufen kann. **3.** ob Sie diese Armbänder anschauen dürfen. **4.** ob es noch Mützen in anderen Größen gibt. **5.** ob diese Kette aus echtem Gold ist.

3. Einsetzen, aber richtig

1. Studjent wypil butylku	(bjelaje wino)
2. W magasinje jesstj mnoga	(interessnyje ssuweniry)
3. U nass tolka adjeshda	(balschoj rasmer)
4. Mnje chtoschetssa pajesstj w	(resstaran)
5. Äta broschka is	(nasstajaschcheje sserebro)

4. Rätsel

1. Das braucht man beim Einkauf, wenn man keine Tasche hat.
2. Davon lebt der Mensch nicht allein.
3. Es macht nicht glücklich, aber erleichtert das Leben.
4. Ohne es kehrt niemand aus Rußland zurück.
5. Dieses Material läßt Frauenherzen höher schlagen.

5. Welche Übersetzung ist richtig?

1. U nass moshna kupitj wssjo.

a Bei uns darf man Pullover anprobieren.
b Bei uns kann man alles kaufen.

2. Ja sabyla ssumku w magasinje.

a Ich habe die Tasche im Geschäft vergessen.
b Ich habe im Geschäft eine Tasche gekauft.

3. Primertje schapku drugowa rasmera.

a Probieren Sie eine Mütze in anderer Größe.
b Schauen Sie sich eine andere Abteilung an.

4. Äta zepotschka is nasstajaschchewa solata.

a Dieses Armband ist aus echtem Silber.
b Diese Kette ist aus echtem Gold.

5. Moshet bytj,schto-nibudj is sserebra dlja sheny?

a Vielleicht etwas aus Silber für die Gattin?
b Vielleicht eine Silberdose für den Gatten?

6. Wie heißt der Oberbegriff?

1. pulower, schapka, rasmer
2. frukty,owaschchi, chljeb, mjassa
3. rubli, dollary, marki, ssdatscha
4. schkatulka, broschka, matrjoschka, brassljet

7. Mir, dich oder ihm?

1. U .... njet djetjej.	(ana)
2. Ja .... dam charoschije knigi.	(on)
3. .... nushna kupitj pradukty.	(ani)
4. Äta otschen interessna dlja	(ja)
5. Patschemu .... nje chotschestssa pajesstj?	(wy)
6. .... nje byla.	(my)

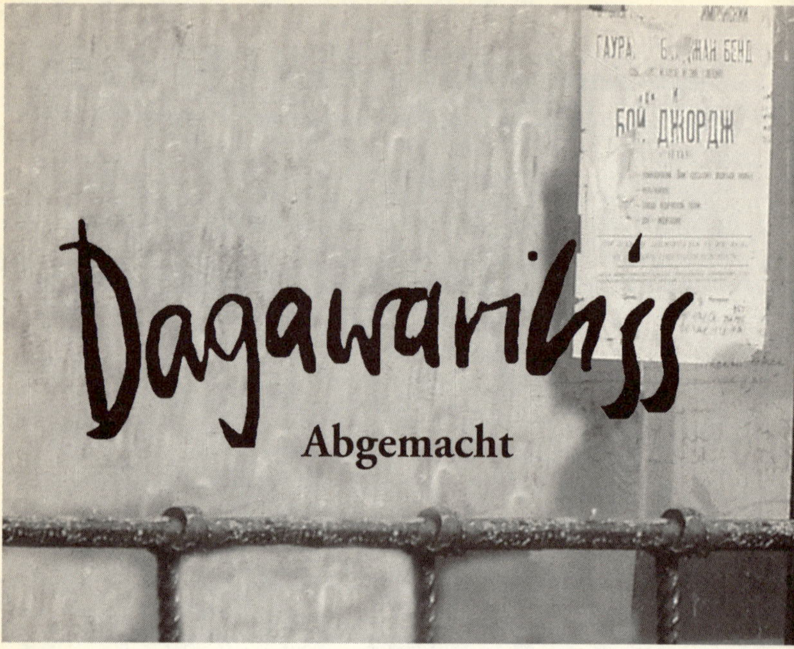

Dagawaritss

Abgemacht

Nur wenige Russen verfügen über eine vollautomatische Waschmaschine, von Geschirrspülmaschinen, Mikrowellengeräten, Tiefkühlschränken oder Sandwichtoastern ganz zu schweigen. Zwei Dinge aber gehören in jeden Haushalt: Telefon und Fernseher.

Wenn die neunzehnjährige Schneiderin Katja von der Arbeit nach Hause kommt, ist das Telefon für den Rest des Abends blockiert. Die Mutter gibt ihrem Kommunikationsbedürfnis in den seltenen Pausen nach, in denen die Tochter sich anderen lebenswichtigen Dingen zuwendet.

Telefoniert wird oft, gern und lange, denn das Telefon ersetzt Treffen, die aus Zeit- oder Entfernungsgründen nicht stattfinden können, durchs Telefon erfährt man die neuesten Gerüchte, und am Telefon wird ausgesprochen, was man sich nicht ins Gesicht zu sagen wagt: Beziehungsprobleme, Liebeserklärungen, Heiratsangebote oder Scheidungsabsichten. Ortsgespräche sind zudem bisher kostenlos.

Abends sind die oft veralteten Übertragungsleitungen der Telefonnetze ständig überlastet, und es kann zu Störungen oder unfreiwilligen Konferenzschaltungen kommen. Natürlich werden auch Verabredungen per Telefon getroffen. Hier wird das Verab «reden» (*dagawaritssa*) wörtlich genommen. Gewöhnlich wird fürs erste nur ein nächstes

Telefongespräch vereinbart («ssaswanimssa!» – telefonieren wir uns zusammen!). In diesem wird dann der Zeitpunkt für ein weiteres Telefonat festgelegt, bei dem dann Ort und Zeit des geplanten Treffens terminiert werden. Ein Treffen mit Russen um Wochen voraus zu planen, ist eine schiere Unmöglichkeit. Erst der letzte Anruf einen Tag vor dem Termin gibt die Sicherheit, daß die Begegnung gute Chancen hat, wirklich stattzufinden.
Russen melden sich am Telefon niemals mit Namen. Nur ein kurzangebundenes «Allo» signalisiert, daß eine Verbindung zustande gekommen ist. Wenn sich Angerufener und Anrufer identifiziert haben, kann der Gedankenaustausch losgehen. Wer unterwegs telefonieren muß oder zu jenen unglücklichen Menschen gehört, die keinen Telefonanschluß besitzen, muß sich der öffentlichen Apparate (*takssafony*) bedienen. Sie befinden sich in Metrostationen oder an öffentlichen Gebäuden und sind weder durch Kabinen geschützt noch mit Telefonbüchern ausgestattet. Man wirft spezielle *shetony* ein, die wie die Metromünzen in den Metrostationen zu bekommen sind.
Nur eines kann selbst Dauertelefonierer von ihrer Lieblingsbeschäftigung abhalten: blut- und tränentriefende Endlos-Serien aus Indien,

Lateinamerika und Südeuropa im Fernsehen. Die Hauptdarstellerin eines jener Schnulzepen wurde in Moskau wie ein Staatsoberhaupt empfangen und diktierte tagelang die Schlagzeilen. Wer eine Folge seiner Lieblingsserie verpaßt, muß natürlich telefonisch bei Freunden oder Kollegen den Inhalt erfragen, um auf dem laufenden zu bleiben. Schwarzweißfernsehen ist out. Der 45jährige Shenja hat drei Monatsgehälter für ein japanisches Markengerät berappt. Nun zappt er per Fernbedienung begeistert durch die Kanäle. Man gönnt sich ja sonst nichts. Daß für Essen und Kleidung das Geld nun eine Weile knapp sein wird, sieht seine Frau gelassen: «Er ist halt so stolz darauf.»
Nicht immer wird die Flimmerkiste ausgeschaltet, wenn Gäste kommen. Je vertrauter der Besuch, um so selbstverständlicher bleibt das Gerät an. Wie bei uns erfreuen sich amerikanische Actionfilme, Quiz- und Musiksendungen größeren Zuspruchs als Literaturverfilmungen oder politische Sendungen, Kriegs- und Militärputschzeiten einmal ausgenommen.
Ob Mann, ob Frau, Russen sind Quasselstrippen, und das nicht nur per Telefon. Anstatt ins Kino oder Theater zu gehen, trifft man sich lieber zu Hause auf ein paar Täßchen Tee oder andere belebende Getränke und tauscht sich aus. Kein Problem ist zu nichtig, als daß man nicht einen halben Abend darüber debattieren könnte. Andererseits sind Russen auch für jedes tiefschürfende Gespräch zu haben. Fragen aus Politik, Wirtschaft oder Literatur, gesellschaftliche Probleme, religiöse und philosophische Fragen werden selbst von weniger gebildeten Menschen oft erstaunlich differenziert gesehen. Persönliche Probleme werden mit Freunden diskutiert, und auch die Sexualität ist kein völliges Tabu mehr.

Russen und Rheinländer

Die Seelenverwandtschaft dieser beiden Völker ist unübersehbar. Nicht nur der harte «l»-Laut in Worten wie «Köln» und «waksal» verbindet sie, nicht nur die Freude am Reden und Trinken, an der Gemütlichkeit, das ständige Bedürfnis nach Nähe zu anderen Menschen, ein gelegentlich auftretender Mangel an Zuverlässigkeit und Pünktlichkeit, die Überzeugung, daß zur Arbeit auch das Vergnügen gehört. Es ist jene unbekümmerte Grundhaltung, die nicht ständig nach dem Warum und nach dem Morgen fragt, die manchmal auch dann geschehen läßt, wenn Handeln geboten wäre. «Wot tak my shiwjom», philosophiert der Russe, und der Rheinländer übersetzt: «Et is, wie et is.» Man kann es nicht leugnen: Das, was den Rheinländer vom Deutschen unterscheidet, ist das, was ihn mit dem Russen verbindet.

allo *hallo*

doma *zu Hause*

kagda *wann*

sawtra *morgen*

wtschera *gestern*

ja wam/tjebje paswanju *ich rufe Sie/dich an*

sswabodnaje wremja *freie Zeit*

trudna *schwer*

kashdyj *jeder*

djen *Tag*

my wsstretimssa *wir treffen uns*

dagawariliss *abgemacht (wörtl.: wir haben uns verabredet)*

passmotrim *wir schauen mal*

tschass *Stunde*

w katoram tschassu? *um wieviel Uhr?*

Neues vom Hilfsverb «bytj» (sein)

ja budu	ich werde (sein)
ty budjesch	du wirst
on, ana, ano budjet	er, sie, es wird
my budjem	wir werden
wy budjetje	ihr werdet / Sie werden
ani budut	sie werden
ja budu tam	ich werde dort sein
ja budu rabotatj	ich werde arbeiten

Um wieviel Uhr?

Uhrzeiten drückt man am einfachsten in der digitalen Form aus. Also nicht viertel vor sieben, halb elf etc. sondern

(um) 6.30 **(w) schesstj trizatj**
(um) 11.45 **(w) adinnazatj ssorak pjatj**

Bei vollen Stunden und langen Zahlengebilden wird tschass (tschassa, tschassow und minuta (minuty, minut) hinzugefügt:

(um) 7 Uhr **(w) ssjem tschassow**
(um) 23.28 **(w) dwazatj tri tschassa dwazatj wossjem minut**

Man kann auch ab Mittag wieder bei eins beginnen. Zur Klarstellung, daß es nicht Vormittag ist, kann *possle abjeda* (nach Mittag) oder *wetschera* (abends) hinzugesetzt werden.

tri pitnazatj possle abjeda	3.15 Uhr nachmittags
w ssjem dwazatj wetschera	um 7.20 abends

13 Reden

Am Telefon

Allo?	Hallo?
Sdrasstwujtje. Äta Tanja.	*Guten Tag. Hier ist Tanja.*
Sdrasstwujtje. Schto wy chatitje?	Guten Tag. Was wollen Sie?
Ssergej doma?	*Ist Ssergej zu Hause?*
Njet, nje doma.	Nein, er ist nicht zu Hause.
A shena?	*Und seine Frau?*
Jejo toshe njet.	Die ist auch nicht da.
Kagda ani budut doma?	*Wann werden sie zu Hause sein?*
Nje snaju.	Weiß ich nicht.
Sspassiba. Ja sawtra jeschcho paswanju.	*Danke. Ich rufe morgen noch mal an.*

Allo?	Hallo?
Priwet. Äta Wanja. Äta ty, Nataschа?	*Hallo. Hier ist Wanja. Bist du das, Natascha?*
Da, äta ja.	Ja, ich bin´s.
Kagda u tjebja budjet sswabodnaje wremja?	*Wann hast du frei?*
Ja jeschcho nje snaju. Ssewodnja njet.	Ich weiß noch nicht. Heute nicht.
A sawtra?	*Und morgen?*
Sawtra kakoj djen? Ah, wtornik. Njet.	Morgen ist welcher Tag? Ah, Dienstag. Nein.
Patschemu äta tak trudna?	*Warum ist das so schwierig?*
Mnje kashdyj djen nushna rabotatj.	Ich muß jeden Tag arbeiten.
A wetscheram?	*Und abends?*
Wetscheram mnje nushna kupitj pradukty.	Abends muß ich Lebensmittel einkaufen.
Kashdyj djen?	*Jeden Tag?*
Njet, tolka ssewodnja.	Nein, nur heute.
Tagda my wsstretimssa sawtra wetscheram.	*Dann treffen wir uns morgen abend.*
W katoram tschassu i gdje?	Um wieviel Uhr und wo?
W schesstj u menja doma.	*Um sechs bei mir zu Hause.*
Dagawariliss?	*Abgemacht?*
Dagawariliss.	Abgemacht.

Allo?	Wer ist da?
Äta Ssascha.	*Hier ist Ssascha.*
Priwet, Ssascha. Gdje ty byl wtschera?	Hallo Ssascha. Wo warst du gestern?
Ja mnoga rabotal.	*Ich habe viel gearbeitet.*
Gdje ty budjesch sawtra wetscheram?	Wo bist du morgen abend?
Doma.	*Zu Hause.*
Dawaj, wsstretimssa u tjebja.	Komm, wir treffen uns bei dir.
I tagda?	*Und dann?*
Nu, tagda… passmotrim.	Na, dann… schauen wir mal.
Njet, my wsstretimssa w zentre, u magasina «Gastronom».	*Nein, wir treffen uns im Zentrum, beim Geschäft «Gastronom».*
W katoram tschassu?	Um wieviel Uhr?
W ssjem trizatj.	*Um sieben Uhr dreißig.*
Charascho. Ja budu tam.	Gut. Ich werde da sein.
Dagawariliss. Da sawtra.	*Abgemacht. Bis morgen.*

Njedjelja – die Woche

panedjelnik	Montag
wtornik	Dienstag
ssreda	Mittwoch
tschetwerg	Donnerstag
pjatniza	Freitag
ssubota	Samstag
wasskressenje	Sonntag

dürfen, können, müssen, brauchen, mögen

Im Russischen gibt es viele unpersönliche Konstruktionen, die im Deutschen persönlich ausgedrückt werden.

mnje nushna rabotatj	ich muß arbeiten
jemu nushna piwa	er braucht ein Bier
tjebje moshna passmatretj	du kannst (darfst) schauen
im chotschetssa pajesstj	sie möchten essen

1. Setzen Sie die richtige Form von «bytj» ein

1. Ja wam paswanju, kagda my .... w Masskwe.
2. Sawtra u menja .... sswabodnaje wremja.
3. Wtschera ana .... u nass doma.
4. Nje snaju, kagda ani .... doma.
5. My ushä byli tam, a on jeschcho nje ....

2. Um wieviel Uhr?

«W katoram tschassu?» – «W dwenazatj trizatj.»

1. um 12.30
2. um 7.20
3. um 21.45
4. um 15.10
5. um 4.15
6. um 18.55
7. um 23.26
8. um 9.17

3. Übersetzen Sie

1. Wann treffen wir uns bei dir?
2. Warum mußt du jeden Tag arbeiten?
3. Ich werde morgen abend im Restaurant essen.
4. Ich rufe Sie morgen um drei Uhr an.
5. Wir treffen uns heute um 17 Uhr am Bahnhof.

irgendwie, irgendwas

-nibudj bedeutet *beliebig, irgend.* Es ist universell einsetzbar und daher ideal für Menschen, die sich nicht festlegen wollen:

kak-nibudj	irgendwie
schto-nibudj	irgend etwas
gdje-nibudj	irgendwo
kto-nibudj	irgendwer
kuda-nibudj	irgendwohin
kagda-nibudj	irgendwann

4. Welche Übersetzung ist richtig?

1. Wa wtornik u menja budjet sswabodnaje wremja.
a Am Dienstag werde ich Freizeit haben.
b Am Dienstag werden viele Gäste bei mir sein.

2. Dawaj wsstretimssa u tjebja doma i passmotrim telewisar.
a Treffen wir uns bei dir, mein Fernseher funktioniert nicht.
b Komm, wir treffen uns bei dir und sehen fern.

3. Jemu nushna rabotatj kashdyj djen.
a Man muß tagsüber, nicht am Abend arbeiten.
b Er muß jeden Tag arbeiten.

4. Ja wam sawtra wetscheram paswanju.
a Ich rufe Sie morgen abend an.
b Ich habe Sie gestern zu Hause angerufen.

5. Patschemu tak trudna kupitj adjeshdu?
a Warum arbeitest du jeden Tag so viel?
b Warum ist es so schwer, Kleidung zu kaufen?

5. Welcher Tag?

1. Wtschera byla ssreda, a ssewodnja ....
2. Sawtra budjet wasskressenije, a wtschera byla ....
3. Ssewodnja panedjelnik, a wtschera byla ....
4. Sawtra budjet ssreda, a ssewodnja ....
5. Ssewodnja tschetwerg, a sawtra budjet ....

Das wünscht man sich

Ss nowym godam!	Ein gutes neues Jahr!
Ss rashdesstwom!	Frohe Weihnachten!
Ss dnjom rashdenija!	Alles Gute zum Geburtstag!
Ss prasdnikam!	Alles Gute zum Feiertag! (paßt immer)
Pasdrawljaju!	Ich gratuliere!
Shelaju schchasstja i usspechaw!	Ich wünsche Glück und Erfolg!
Schchassliwawa puti!	Gute Reise!
Wssewo dobrawa!	Alles Gute!

Ausgehen

In Zeiten, als ein kritisches Wort, geschrieben oder gesprochen, in Rußland in den GULag führen konnte, als nur im engsten Freundeskreis ehrliche Meinungen geäußert wurden, da hatten Literatur, Theater und Kino Hochkonjunktur. Buchauflagen interessanter Werke von einer halben Million und mehr waren binnen kurzem vergriffen, die Bibliotheksexemplare auf Monate vorbestellt. Gute Theaterkarten waren nur mit Glück zu bekommen. Künstlerische Qualität wurde oft an der Fähigkeit des Autors oder Filmemachers gemessen, der Zensur ein Schnippchen zu schlagen und in seinem Werk der offiziellen Propaganda widersprechende verschlüsselte Botschaften für das Publikum zu senden. Leser und Zuschauer fungierten als Detektive, die der nächsten mutigen Äußerung oder politisch zu deutenden Metapher entgegenfieberten. Im schützenden Dunkel der Theater- und Kinosäle verschworen sich die Menschen zu einer Gemeinschaft der Denkenden wider die von oben verordnete Borniertheit.
Seit Beginn der *glassnosst* Mitte der achtziger Jahre und der Aufhebung der Zensur hat sich die russische Kulturlandschaft tiefgreifend verändert. Zunächst lockte natürlich die Möglichkeit, lange Verbotenes endlich lesen zu können und aufgeführt zu sehen. Auf längere Sicht aber fiel die entscheidende Motivation für den Theater- oder Kinobesuch, nämlich mutige Wahrheiten zu hören, fort. Statt dessen wurden die Menschen im Alltag bis zum Überdruß mit unangenehmen Realitäten konfrontiert. Als eine Folge der Rezession wurden die Subventionen für Kultureinrichtungen gekürzt und deren Umstellung auf *chosrasschchot* (wirtschaftliche Rechnungsführung) verordnet. Die Eintrittspreise stiegen, das Interesse nahm weiter ab. Für viele Theater- und Musikveranstaltungen kann man heute Karten noch an der Abendkasse bekommen, und das Angebot im freien Verkauf an Kiosken, auf Straßen und in Metrostationen umfaßt selbst die beliebtesten Adressen und Stücke. An die Stelle russischer Kinofilme traten amerikanische Actionfilme als Exponenten westlicher Unkultur. Immerhin wird es um diese Art von Kino nicht schade sein, wenn sie demnächst vom Video verdrängt wird. Einzig die Kultur für Kinder hat nicht nur ein gewisses Niveau gewahrt, sondern erfreut sich auch eines großen Zuspruchs. Puppen-, Marionetten- und Jugendtheater spielen noch das klassische Repertoire. Andere Zerstreuungsmöglichkeiten wie Zoologische Gärten und der Staatszirkus kämpfen jedoch ums Überleben.

kino *Kino*
amerikansskij *amerikanisch*
film *Film*
pajti *gehen*
pakasywatj *(unvoll.)*
pakasatj *(voll.)*
zeigen
zyrk *Zirkus*
kanzert *Konzert*
rokk-gruppa *Rockgruppe*
biljet *Eintrittskarte*
patamu schta *weil*
gorad *Stadt*
wysstawka *Ausstellung*
mnje nrawitssa *mir gefällt*
mnje panrawilssa, -lass
er, sie,es *hat mir gefallen*
sdorawa *toll*
Balschoj teatr *Balschoj-Theater*
baljet *Ballett*
dumatj *denken, glauben*
natschala *Beginn*

Das Verb in der Gegenwart

Die Bildung des Präsens verlangt etwas Übung:
– Es gibt viele Konjugationstypen und unregelmäßige Verben.
– Es gibt immer zwei Formen: eine unvollendete für dauernde, wiederholte oder aktuelle Handlungen und eine vollendete für abgeschlossene, einmalige oder zukünftige Handlungen.

	duma-tj ***denken***	**gawar-itj** ***sprechen***	**paj-ti (voll.)** ***gehen***
ja	duma-ju	gawar-ju	paj-du
ty	duma-jesch	gawar-isch	paj-djosch
on/ana	duma-jet	gawar-it	paj-djot
my	duma-jem	gawar-im	paj-djom
wy	duma-jetje	gawar-itje	paj-djotje
ani	duma-jut	gawar-jat	paj-dut

Wie duma-tj werden konjugiert: panima-tj, pakasywa-tj, rabota-tj, sna-tj. Das vollendete Verb zu pakasywatj (*zeigen*) wird nicht nur anders konjugiert, es variiert auch in der Betonung.

	paka-satj (genauso: sska-satj)	**passmatr-etj schauen**	**kup-itj (*kaufen*)**
ja	paka-shu	passmatr-ju	kup-lju
ty	paka-shesch	passmotr-isch	kup-isch
on/ana	paka-shet	passmotr-it	kup-it
my	paka-shem	passmotr-im	kup-im
wy	paka-shetje	passmatr-itje	kupitje
an	paka-shut	passmotr-jat	kupjat

pakasywaju = ich zeige, pakashu = ich werde zeigen
Die 3.Person Plural (sie) des Verbs ohne Zusatz hat die Bedeutung «man» oder Passiv.
Tjebje sskashut, gdje on rabotajet. *Man wird dir sagen, wo er arbeitet.*
Tam pakasywajut film. *Da wird ein Film gezeigt.*

Ausgehen

Kuda my pajdjom ssewodnja wetscheram?	Wohin gehen wir heute abend?
Nje snaju. Kuda-nibudj.	*Ich weiß nicht. Irgendwohin.*
Moshet bytj, my pajdjom w kino?	Vielleicht gehen wir ins Kino?
Schto tam pakasywajut?	*Was wird dort gezeigt?*
Tam pakasywajut amerikansskij film.	Da zeigen sie einen amerikanischen Film.
Njet, äta mnje nje interessna.	*Nein, das interessiert mich nicht.*
Dawaj pajdjom w zyrk.	Komm, wir gehen in den Zirkus.
Njet, ja ushä byl tam.	*Nein, ich war schon dort.*
Ili na kanzert? Ssewodnja kanzert rokk-gruppy «Akwarium».	Oder zu einem Konzert? Heute ist ein Konzert von «Aquarium».
Da. Äta mnje nrawitssa.	*Ja, das gefällt mir.*
Tagda ja wasmu biljety dlja nass.	Ich besorge dann die Billets.
Da, i my wsstretimssa w schesstj u tjebja doma.	*Ja, und wir treffen uns um sechs bei dir zu Hause.*
Dagawariliss.	Abgemacht.

Kuda ty pajdjosch?	Wohin gehst du?
Ja pajdu w zentr.	*Ich gehe ins Zentrum.*
Patschemu w zentr?	Warum ins Zentrum?
Patamu schta ja tam rabotaju.	*Weil ich dort arbeite.*
Dawaj pajdjom kuda-nibudj.	Komm, wir gehen irgendwohin.
Charascho, passmotrim gorad.	*Gut, schauen wir die Stadt an.*
W zentre interessnaja wysstawka.	Im Zentrum gibt es eine interessante Ausstellung.
Dagawariliss. A schto patom?	*Abgemacht. Und was dann?*
Patom my pajdjom pajesstj schto-nibudj.	Dann gehen wir etwas essen.
Ili my passmotrim film.	*Oder wir schauen einen Film an.*
Kak tjebje chotschetssa.	Wie du willst.

Tjebje panrawilssa kanzert?	Hat dir das Konzert gefallen?
Otschen. Äta byla sdorawa.	*Sehr. Das war toll.*
U menja na sawtra jesstj biljety w Balschoj teatr.	Ich habe für morgen Karten fürs Balschoj-Theater.
Na schto?	*Für was?*
Na baljet «Lebedinaje osera» Tschajkowskawa. Pajdjom?	Für das Ballett «Schwanensee» von Tschajkowski. Gehen wir hin?
Ja dumaju, schto äta budjet interessna. Kagda natschala?	*Ich denke, das wird interessant sein. Wann ist der Beginn?*
Natschala w ssjem tschassow.	Beginn ist um sieben Uhr.
Tagda my wstretimssa w metro «Achotnyj rjad»?	*Dann treffen wir uns in der Metro «Achotnyj rjad».*
Dagawariliss. Da sawtra.	Abgemacht. Bis morgen.

Üben

14

1. Fragen Sie Ihren Gesprächspartner,

1. ob Sie vielleicht zusammen ins Kino gehen sollen. **2.** ob er schon im Zirkus war. **3.** wo Sie sich treffen sollen. **4.** um wieviel Uhr Konzertbeginn ist. **5.** ob ihm das Konzert gefallen hat.

2. Richtig oder falsch?

1. W teatre pakasywajut amerikansskije filmy. **2.** Djeti pajdut w zyrk. **3.** Biljety w teatr moshna kupitj tolka w gasstinize. **4.** W Masskwe jesstj interessnyje wysstawki. **5.** Wy ushä gawaritje charascho pa-russki.

3. Setzen Sie die korrekte Gegenwartsform ein

1. Pa-russki my .... charascho.	(gawaritj)
2. Patschemu ty nje ...., kagda on budjet doma?	(snatj)
3. Ani nitschewo nje	(panimatj)
4. Sawtra ja .... w zyirk.	(pajti)
5. On mnje ...., gdje on	(pakasatj, rabotatj)
6. Ja tjebje .... mnoga ssuweniraw w Masskwe.	(kupitj)
7. Patschemu wy ...., schto ana nje russkaja?	(dumatj)
8. Ana ...., gdje moshna kupitj ssuweniry.	(passmatretj)

4. «Warum waren Sie gestern nicht beim Konzert?»

«Patamu schto ja nje snal,kak pajti.»
1. Weil ich nicht wußte, wie ich hinkommen soll.
2. Weil ich nicht wußte, wann der Beginn ist.
3. Weil ich dachte, das Konzert wird morgen sein.
4. Weil ich gearbeitet habe.
5. Weil ich eine Eintrittskarte fürs Theater hatte.
6. Weil ich auf einer Ausstellung war.

5. Übersetzen Sie

1. Jemu nrawitssa, kak ana rabotajet. **2.** My wsstretimssa u njewo doma. **3.** Ani pajdut na interessnuju wysstawku. **4.** Tjeper on wam skashet, gdje on byl. **5.** My nje snajem, kak papasstj w Balschoj teatr.

6. Wo treffen wir uns?

«My wstretimssa na wysstawkje.»
1. auf der Ausstellung. **2.** im Zentrum. **3.** am Meer. **4.** in Moskau. **5.** auf der Straße. **6.** bei dir. **7.** auf dem Bahnhof. **8.** im Theater.

Einladung

Ein eisiger Abendwind fegt über die Uliza Paljarnaja im Norden Moskaus. Die spärliche Straßenbeleuchtung wird von einer schmutzigen Schneekruste schwach reflektiert. Die quietschende Eingangstür des Hauses Nr.15 gibt den Weg frei in ein ungemütliches Treppenhaus. Schlecht verputzte Wände, rissige Treppenstufen, auf jeder Etage vier gleiche Wohnungstüren ohne Namensschilder, nur mit Nummern gekennzeichnet. Bei Nr.137 im fünften Stock wohnt Familie Baklanow. Sofort nach dem Schrillen der Türglocke ist das Trappeln von mindestens acht Hundebeinen zu hören. Einen Moment lang verdunkelt sich der Türspion, bevor die Frau des Hauses öffnet und den Gast in die Geborgenheit der Wohnung zieht.

Betritt er eine Privatwohnung, so eröffnet sich dem Besucher eine andere Welt. Anstelle von Kälte, Schmutz und Großstadtanonymität dominieren Wärme, Gemütlichkeit und Sauberkeit. Hier verwandeln sich die eilig hastenden, oft unfreundlichen, ausdruckslosen Gesichter der Straße in warmherzige, selbstlose und unterhaltsame Gastgeber. Der Gast zieht Mantel und Schal aus, vertauscht die Straßenschuhe mit bereitgestellten Schläppchen (*tapatschki*) und wird vielleicht zum Frischmachen in das winzige Bad geführt. Sodann wird der *tschajnik*, der Teekessel, in Gang gesetzt und der Gast an den gedeckten Tisch geführt. Es ist fast unmöglich, bei Russen zu Gast zu sein, ohne dort zu essen oder wenigstens Tee zu trinken, zu dem *warenje*, Gebäck, Torte oder Schokoladenkonfekt, gereicht wird. Gastfreundschaft wird großgeschrieben, und für den Gast werden die besten Vorräte hervorgeholt. Wo Geld und Vorräte einmal nicht reichen, werden auch einfache Speisen, in kleinen Häppchen appetitlich angerichtet, zum Gaumenvergnügen.
Familie Baklanow wohnt in einer typischen Zweizimmerwohnung von etwa fünfunddreißig Quadratmetern. Das Wohnzimmer ist gleichzeitig Elternschlafzimmer, und die erwachsenen Töchter teilen sich ein Bett im winzigen Schlafzimmer. *Chruschchowka* nennt man diesen gängigen Wohnungstyp in Anlehnung an den Parteiführer, der in den fünfziger Jahren auf solche Art schnell benötigten Wohnraum zu schaffen wußte. Weniger Begeisterte bezeichnen solche Wohnungen als *chruschchoba*, eine Wortschöpfung aus *Chruschtschow* und *truschchoba* (Elendsviertel). Immerhin werden die Besitzer einer solchen Wohnung beneidet von denen, die ihr Dasein in einer *kommunalka* fristen müssen. In einer solchen Altbauwohnung, die zu vorrevolutionären Zeiten von nur einer wohlhabenden Familie bewohnt wurde, steht für mehrere Familien je ein Zimmer zur Verfügung, und alle zusammen teilen sich ein Bad und eine Küche.

wchaditje *treten Sie ein!*

pamytj ruki *Hände waschen*

kwartira *Wohnung*

ujutnyj *gemütlich*

nowyj *neu*

dawno *lange, seit langem*

shitj, shiwu, shiwjosch, shiwut *leben, wohnen*

komnata *Zimmer*

priglaschenije *Einladung*

w gasstjach *zu Besuch*

snakomyj *Bekannter, bekannt*

russkij *russisch, Russe*

ransche *früher*

at m. Genitiv *von*

tjeper *jetzt*

gorad *Stadt*

ljubitj, ljublju, ljubisch, ljubjat *lieben, mögen*

Der Satz aller Sätze

Ja ljublju tjebja! Ich liebe dich!

mein, dein oder sein?

Moj (mein) und **twoj** (dein) werden ähnlich wie Adjektive dekliniert, mit nur einer Pluralform für alle Geschlechter. **Jewo** (sein) und **jejo** (ihr) sind nicht deklinierbar. Eine Besonderheit ist das Pronomen **sswoj** (eigen). Es tritt an die Stelle der anderen Fürwörter, wenn Subjekt und Objekt eines Satzes sich auf die gleiche Person beziehen:

Ana ljubit jejo komnatu. *Sie mag ihr Zimmer.* (das der Freundin)

Ana ljubit sswaju komnatu. *Sie mag ihr Zimmer.* (das eigene)

	mask.	**fem.**	**neutr.**	**Pl.**
Nom.	moj	maja	majo	mai
	twoj	twaja	twajo	twai
	sswoj	sswaja	sswajo	sswai
Gen.	majewo	majej	majewo	maich
	twajewo	twajej	twajewo	twaich
	sswajewo	sswajej	sswajewo	sswaich
Akk.	moj	maju	majo	mai
	twoj	twaju	twajo	twai
	sswoj	sswaju	sswajo	sswai
Präp.	majom	majej	majom	maich
	twajom	twajej	twajom	twaich
	sswajom	sswajej	sswajom	sswaich

Die Pluralformen **nasch** (unser) und **wasch** (euer) werden genauso dekliniert wie **moj, twoj** und **sswoj, ich** (ihr) wird nicht dekliniert.

Zu Besuch

Wchaditje i ssaditjess.	Kommt herein und setzt euch.
Sspassiba. Gdje moshna pamytj ruki?	*Danke. Wo kann ich die Hände waschen?*
Ja wam pakashu, gdje.	Ich zeige euch, wo.
Mnje otschen nrawitssa twaja kwartira.	*Mir gefällt deine Wohnung sehr.*
Da, ana ujutnaja, no sslischkam malenkaja.	Ja, sie ist gemütlich, aber zu klein.
Ana nowaja?	*Ist sie neu?*
Njet, my ushä dawno shiwjom sdjess.	Nein, wir wohnen schon lange hier.
Kto shiwjot sdjess?	*Wer wohnt hier?*
Äta maja shena, moj ssyn, maja dotsch i ja.	Das sind meine Frau, mein Sohn, meine Tochter und ich.
Sskolka u wass komnat?	*Wie viele Zimmer habt ihr?*
U nass dwe komnaty.	Wir haben zwei Zimmer.
Da, äta nje otschen mnoga.	*Ja, das ist nicht sehr viel.*
Wot schampansskaje. Sa schto wypjim?	Hier ist Sekt. Auf was trinken wir?
Dawajtje wypjim sa charoschuju kwartiru.	*Laßt uns auf eine gute Wohnung anstoßen.*
Charascho. Sa nowuju kwartiru!	Gut. Auf eine neue Wohnung!

Dabro pashalawatj w maju kwartiru.	Herzlich willkommen bei uns.
Sspassiba sa twajo priglaschenije.	*Danke für deine Einladung.*
Wy ushä byli w gasstjach w russkaj kwartirje?	Wart ihr schon mal zu Gast in einer russischen Wohnung?
Da, my byli u sswaich snakomych w Ssankt Peterburgje.	*Ja, wir waren bei unseren Bekannten in Sankt Petersburg.*
Tagda wy snajetje, kak russkije shiwut.	Dann wißt ihr,wie Russen leben.
Da, ja ljublju malenkije kwartiry, patamu schta ani ujutnyje.	*Ja, ich mag kleine Wohnungen, weil sie gemütlich sind.*
U nass ljubjat balschije kwartiry.	Wir mögen große Wohnungen.
Wy dawno shiwjotje w sswajej kwartirje?	*Lebt ihr schon lange in eurer Wohnung?*
Njet, ransche my shili w Iwanowje.	Nein, früher lebten wir in Iwanowo.
Äta daleko at Masskwy?	*Ist das weit von Moskau?*
Tri tschassa na pojesdje.	Drei Stunden mit dem Zug.
A patschemu wy tjeper w Masskwe?	*Und warum seid ihr jetzt in Moskau?*
Patamu schta ja rabotaju sdjess.	Weil ich hier arbeite.
Wam nje trudna shitj w takom balschom goradje?	*Fällt es euch nicht schwer, in solch einer großen Stadt zu leben?*
Njet, ja ljublju shitj w goradje.	Nein, ich mag es, in der Stadt zu leben.

1. Übersetzen Sie

1. Wohnen Sie schon lange in Moskau? **2.** Ich mag russische Wohnungen sehr. **3.** Wir waren bei russischen Bekannten zu Gast. **4.** Es fällt mir nicht schwer, in einer Stadt zu leben. **5.** Früher hatten wir zwei Zimmer, jetzt drei.

2. Einsetzen, aber richtig

1. W .... kwartirje dwe komnaty.(moj) **2.** Na .... ulize shiwjot mnoga djetej.(twoj)) **3.** Ana sabyla u nass .... ssumku.(sswoj) **4.** Ani kupili .... knigu.(jewo) **5.** Ja wam dam ....biljety.(sswoj) **6.** W .... goradje shiwut tolka russkije. (jejo)

3. Rätsel

1. Zwischen Freund und Fremder. **2.** Vorraussetzung für einen Privatbesuch. **3.** My home is my castle. **4.** Das empfiehlt sich vor dem Essen. **5.** Man lebt dort anders als auf dem Land.

4. Was gehört zusammen?

1. Mnje chotschetssa pamytj ruki.
2. My ushä dawno shiwjom sdjess.
3. Ssewodnja my w gasstjach u russkich.
4. Ja ljublju malenkije komnaty.
5. Russkije shiwut w balschich garadach.
a Heute sind wir bei Russen zu Gast.
b Ich mag kleine Zimmer.
c Ich möchte mir die Hände waschen.
d Russen leben in großen Städten.
e Wir leben schon seit langem hier.

5. «moj» oder «sswoj»?

1. U njejo jestj .... komnata.	(ihr eigenes)
2. On shiwjot w kwartirje .... prepadawatjelja.	(seines)
3. On rabotajet w .... restaranje.	(meinem)
4. Ja ljublju .... knigi.	(ihre)
5. Ana ljubit .... musha.	(ihren)
6. Wtschera ja byla u .... snakomych.	

6. Sagen Sie, was Ihnen gefällt

«Mnje nrawitssa sswaja kwartira»
1. meine Wohnung. **2.** meine Frau. **3.** diese Stadt. **4.** sein Auto **5.** dieses Restaurant **6.** dein Sohn. **7.** dieser Film. **8.** dieses Hotel.

Alle Wörter

Zeit

morgen
sawtra

gestern
wtschera

Freizeit
sswabodnaje wremja

Tag
djen

um wieviel Uhr?
w katoram tschassu?

Stunde
tschass

Ausgehen

Kino
kino

Film
film

Zirkus
zyrk

Konzert
kanzert

Rockgruppe
rokk-gruppa

Eintrittskarte
biljet

Ausstellung
wysstawka

Balschoj-Theater
Balschoj teatr

Ballett
baljet

Beginn
natschala

Kleine Wörter

wann
kagda

jeder
kashdyj, -aja

hallo
allo

warum
patschemu

weil
patamu schta

früher
ransche

von
at m.Genitiv

jetzt
tjeper

schwierig
trudna

lange, seit langem
dawno

Verben

ich rufe an
ja paswanju

wir treffen uns
my wsstretimssa

abgemacht
dagawariliss

wir schauen (mal)
passmotrim

gehen
pajti

zeigen
pakasywatj / pakasatj

mir gefällt
mnje nrawitssa

mir hat gefallen
mnje panrawilass

denken
dumatj

treten Sie ein!
wchaditje

Hände waschen
pamytj ruki

leben, wohnen
shitj

lieben, mögen
ljubitj

Zu Hause

zu Hause
doma

Stadt
gorad

Wohnung
kwartira

Zimmer
komnata

Einladung
priglaschenije

zu Gast
w gasstjach

Bekannter, bekannt
snakomyj, -aja

Eigenschaften

russisch, Russe
russkij, -aja

amerikanisch
amerikansskij

toll
sdorawa

gemütlich
ujutnyj

neu
nowyj

Vierte Gruppe: Buchstaben, die weder im Klang noch im Schriftbild mit dem lateinischen Alphabet übereinstimmen

Vokale

Ё ё	Jo	jo
Ы ы	Y	y
Ю ю	Ju	ju
Я я	Ja	ja

Fünfte Gruppe: Buchstaben ohne eigenständigen Lautwert

Ъ ъ	Härtezeichen
Ь ь	Weichheitszeichen

1. Wörter mit den neuen Buchstaben

ёлка	**jolka**	Tannenbaum	**меня**	**menja**	mich
юг	**jug**	Süden	**вы**	**wy**	ihr, Sie
рыба	**ryba**	Fisch	**съезд**	**ssjesd**	Kongreß
бюро	**bjuro**	Büro	**мать**	**matj**	Mutter
яблоко	**jablaka**	Apfel	**объём**	**abjom**	Umfang

2. So kann eine russische Adresse aussehen

Россия	**Rassija**	Rußland
г. Москва 129010	**gorad Masskwa 129 010**	Stadt Moskau 129 010
ул. Большая Спасская	**uliza Balschaja Sspasskaja**	Große Erlöser-Straße
дом 16, кв. 13	**dom 16, kwartira 13**	Haus 16, Wohnung 13
тел. 403-75-63	**telefon 403-75-63**	Telefon 403-75-63
Петров, Павел Михайлович	**Petrow Pawel Michajlawitsch**	

3. Von diesen Schriftstellern haben Sie bestimmt schon gehört

Александр Пушкин	**Alekssandr Puschkin**	Alexander Puschkin
Фёдор Достоевский	**Fjodar Dasstajewsskij**	Fjodor Dostojewski
Лев Толстой	**Ljew Talsstoj**	Lew Tolstoi
Антон Чехов	**Anton Tschechaw**	Anton Tschechow
Анна Ахматова	**Anna Achmatawa**	Anna Achmatowa
Борис Пастернак	**Baris Passternak**	Boris Pasternak

Ⓩ Hier fehlt's

Lesen Sie sich den Dialog durch, und tragen Sie die fehlenden Wörter ein. Wenn Sie nicht mehr weiterwissen, dann dürfen Sie auf die nächste Seite schielen:

Sswabodnaje wremja

Dialog 1

Allo?
Äta ty, Walodja? Priwet.
Priwet. Schto .... chotschetssa?
Kagda my wsstretimssa?
Mnje kashdyj djen nushna rabotatj.
A wetscheram toshe?
Njet, wetscheram u menja sswabodnaje ....
Tagda my wsstretimssa sawtra u tjebja doma.
Sawtra kakoj .... ? Ah, pjatniza. Charascho.
Pajdjom w kino?
Schto tam pakasywajut?
Sawtra pakashut russkij ....
Njet, mnje nje chotschetssa passmatretj ätat film.
Tagda my pajdjom na kanzert rokk-gruppy «Maschyna wremeni».
Äta .... U tjebja ushä jesstj biljet?
Njet. Ja jewo wasmu u snakomawa.
Dagawariliss. Da sawtra.

Dialog 2

Dabro pashalawatj w maju kwartiru.
Äta dlja wass.
Äta schto? Schampansskaje? Balschoje sspassiba.
Gdje moshna .... ruki?
Ja tjebje pakashu, gdje. Wot sdjess.
U wass ujutnaja ....
Da, no ana nje otschen balschaja.
Sskolka komnat w njej?
Dwe. U kashdawa jesstj .... komnata.
Ja dumaju, tak moshna charascho shitj.
Ransche u nass byli tri komnaty.
W ätam goradje?
Njet, my tagda .... w Minsskje.
Wy snajetje, my w perwyj ras w .... u russkich.
Sa äta nushna wypitj.
Tagda wypjim sa russkaje gosstepriimsstwa!

Hier steht's

Hören Sie sich den Dialog von der Cassette an, oder lesen Sie ihn sich durch. Vergleichen Sie dann die Lösungen, die Sie gefunden haben, und plappern Sie einfach nach:

Freizeit

Dialog 1

Allo?
Äta ty, Ssascha? Priwet.
Priwet. Schto tjebje chotschetssa?
Kagda my wsstretimssa?
Mnje kashdyj djen nushna rabotatj.
A wetscheram toshe?
Njet, wetscheram u menja sswabodnaje wremja.
Tagda my wstretimssa sawtra u tjebja doma.
Sawtra kakoj djen? Ah, ssreda. Charascho.
Pajdjom w kino?
Schto tam pakasywajut?
Sawtra pakashut amerikansskij film.
Njet, mnje nje chotschetssa passmatretj ätat film.
Tagda my pajdjom na kanzert rokk-gruppy «Lubä».
Äta sdorawa. U tjebja ushä jesstj biljety?
Njet. Ja ich wasmu u snakomawa.
Dagawariliss. Da sawtra.

Dialog 2

Dabro pashalawatj w maju kwartiru.
Äta dlja wass.
Äta schto? Krassnaje wino? Balschoje sspassiba.
Gdje moshna pamytj ruki?
Ja wam pakashu, gdje. Wot sdjess.
U wass ujutnaja kwartira.
Da, no ana nje otschen balschaja.
Sskolka komnat w njej?
Tri. U kashdawa jesstj sswaja komnata.
Ja dumaju, tak moshna charascho shitj.
Ransche u nass byla tolka adna komnata.
W ätam goradje?
Njet, my tagda shili w Jekaterinburgje.
Wy snajetje, my w perwyj ras w gasstjach u russkich.
Sa äta nushna wypitj.
Tagda wypjim sa russkaje gosstepriimsstwa!

Ⓩ

Prüfstand

1. Haben Sie aufgepaßt?

1. Russen am Telefon
a sind kurz angebunden.
b melden sich immer mit vollem Namen.
c quatschen Opern.

2. Russen sehen im Fernsehen am liebsten
a politische Diskussionen.
b spanisch-lateinamerikanische Schnulzepen.
c klassische Musiksendungen.

3. Verabredung mit Russen
a sollte man kurzfristig planen.
b braucht man nicht einzuhalten.
c müssen frühzeitig festgelegt sein.

4. Seit der Aufhebung der Zensur
a strömen Russen in die Theater.
b erhalten Kultureinrichtungen mehr Geld.
c spielen die Kinos Action-Filme.

5. Was zieht man sich in russischen Wohnungen an die Füße?
a shetony
b tapatschki
c takssafony

6. Chruschchowka ist
a eine Zweizimmerwohnung.
b ein Elendsviertel.
c eine Nobelkarosse des verblichenen Parteiführers.

2. Früher und heute

1. Ransche ja .... tolka pa-nemjezki, tjeper ja .... i pa-russki. (gawaritj)
2. Ransche on ....w Leningradje, tjeper on ....w Sankt Peterburgje. (shitj)
3. Ransche w kino .... russkije filmy, tjeper .... amerikansskije. (pakasywatj)
4. Ransche my................. w zyrkje, tjeper my .... w teatre. (rabotatj)
5. Ransche ana .... sswajewo musha, tjeper ana .... sswajewo snakomawa. (ljubitj)

3. Welches Wort paßt nicht in die Reihe?

1. doma, ssewodnja, tjeper, ransche, dawno
2. nowyj, priglaschenije, ujutnyje, russkaja, balschoje
3. kwartira, wysstawka, natschala, komnata, sdorawa
4. kanzert, kino, biljet, zyrk, baljet
5. snakomyj, rokk-gruppa, sswoj, djen, inshenjer

4. Wo und wann treffen wir uns?

1. morgen abend, 8 Uhr, bei mir zu Hause
2. am Donnerstag, 20.30 Uhr, am Bahnhof
3. am Samstag, 18.45 Uhr, im Restaurant «Praga»
4. heute Abend, 19.05 Uhr, in der Metro «Arbatskaja»
5. am Dienstag, 15.15 Uhr, in deiner Wohnung

5. Gegensätze

1. wssjo – ....
2. balschoj – ....
3. mnoga – ....
4. ransche – ....
5. wypitj – ....

6. Übersetzen Sie

1. Um wieviel Uhr treffen wir uns bei dir?
2. Früher dachte ich, daß es schwer ist, russisch zu sprechen.
3. Ich zeige Ihnen, wo man sich die Hände waschen kann.
4. Wir waren zum ersten Mal bei Russen zu Gast.
5. Russen mögen große Wohnungen.

7. Welche Antwort ist richtig?

1. Schto tam pakasywajut?
a Russkaja rokk-gruppa.
b Amerikansskij film.

2. Gdje my wsstretimssa?
a Na wysstawkje.
b Na kanzert.

3. Kagda natschala?
a W ssjem tschassow.
b U tjebja doma.

4. Wy dawno shiwjotje sdjess?
a Njet, ja shiwu njedaleko.
b Njet, my ransche shili na morje.

5. Äta nowaja kwartira?
a Njet, my dawno shiwjom sdjess.
b Malenkaja, no ujutnaja.

Kurzgrammatik

Substantiv (Hauptwort)

Im Russischen gibt es keinen Artikel. Das grammatische Geschlecht ist bei den meisten Substantiven an der Endung im Nominativ zu erkennen.

Männliche Formen (Maskulina) enden auf Konsonant, auf -j oder haben das Weichheitszeichen am Ende (das in der Umschrift am Wortende meist durch «j» wiedergegeben ist).
Weibliche Formen (Feminina) enden auf -a, -ja oder Weichheitszeichen.
Sächliche Formen (Neutra) enden auf -o, -a oder -e, ganz wenige auf -ja.

Im Russischen gibt es sechs Fälle: **1.** Nominativ (wer?) **2.** Genitiv (wessen?) **3.** Dativ (wem?), **4.** Akkusativ (wen? was?), **5.** Instrumental (womit? wodurch?), **6.** Präpositiv (wo? worüber?), der nur nach Präpositionen steht. Die Fälle werden durch die Wortendungen ausgedrückt.

In Tabellen sind die Fälle abgekürzt: Nom., Gen., Dat., Akk., Instr., Präp., Sg. für Singular (Einzahl), Pl. für Plural (Mehrzahl)

Maskulina

	Roman		*Straßenbahn*		*Wörterbuch*	
	Sg.	**Pl.**	**Sg.**	**Pl.**	**Sg.**	**Pl.**
Nom.	raman	raman-y	tramwa-j	tramwa-i	sslawar	sslawar-i
Gen.	-a	-aw	-ja	-jew	-ja	-jej
Dat.	-u	-am	-ju	-jam	-ju	-jam
Akk.	--	-y	-j	-i	--	-i
Instr.	-am	-ami	-jem	-jami	-jom	-jami
Präp.	-je	-ach	-je	-jach	-je	-jach

Maskulina, die Lebewesen bezeichnen, erhalten im Akkusativ die Genitivendungen.

Feminina

	Fisch		*Lied*		*Netz*	
	Sg.	**Pl.**	**Sg.**	**Pl.**	**Sg.**	**Pl.**
Nom.	ryb-a	ryb-y	pessn-ja	pessn-i	sset-j	sset-i
Gen.	-y	--	-i	pessen	-i	-jej
Dat.	-je	-am	-je	-jam	-i	-jam
Akk.	-u	-y	-ju	-i	-j	-i
Instr.	-aj	-ami	-jej	-jami	-ju	-jami
Präp.	-je	-ach	-je	-jach	-i	-jach

Neutra

	Speise		*Meer*		*Zeit*	
	Sg.	**Pl.**	**Sg.**	**Pl.**	**Sg.**	**Pl.**
Nom.	bljud-a	bljud-a	mor-je	mor-ja	wrem-ja	wrem-ena
Gen.	-a	--	-ja	-jej	-eni	-jon
Dat.	-u	-am	-ju	-jam	-eni	-enam
Akk.	-a	-a	-je	-ja	-ja	-ena
Instr.	-am	-ami	-jem	-jami	-enem	-enami
Präp.	-je	-ach	-je	-jach	-eni	-enach

Von diesen Deklinationsbeispielen gibt es unzählige Ausnahmen, die aber weniger die Endungen als den Wortstamm betreffen. Gute Wörterbücher geben für jedes Wort den Deklinationstyp an und führen Ausnahmen auf.
Auch Orts- und Personennamen werden in der Regel dekliniert.

Fremdwörter

Einige häufig gebrauchte Fremdwörter werden nicht dekliniert, bilden auch keine Pluralform. Sie enden meistens auf einen betonten Vokal: kino, kafä, kofje, metro, bjuro, menju, atelje, takssi, interwju, depo, radio, shuri, kilo, resumje, schosse, kenguru, attasche, schimpanse usw. Ebenso kann man viele nichtrussische Eigennamen nicht deklinieren.

Verkleinerungsformen (Diminutiva)

Kaum ein Name oder Wort bleibt im Russischen von Koseformen verschont. Manche Wörter werden fast ausschließlich in der Koseform benutzt, z.B. *drushok* oder *drushotschek* anstelle von *drug* (Freund), *padrushka* für *padruga* (Freundin), *dotschka* oder *dotschenka* für *dotsch* (Tochter). Die Verkleinerungsformen in der gesprochenen Sprache sind ein Zeichen für Emotionalität, oft auch da, wo es unverständlich oder gar albern erscheinen mag: doshdik (kleiner Regen), notschka (Nächtle), balotze (Sümpfchen), ssolnyschka (Sönnchen). Wer eine Schwäche für Koseformen hat, dem eröffnen sich im Russischen ungeahnte Ausdrucksmöglichkeiten.

Adjektiv (Eigenschaftswort)

Das Adjektiv hat eine eigene Deklination, richtet sich aber in Genus, Numerus und Kasus (Geschlecht, Zahl, Fall) nach dem Hauptwort, zu dem es gehört. In der Mehrzahl gibt es keine Unterscheidung nach dem Geschlecht.
Adjektive enden auf *-yj*, *-oj* oder *-ij*.

Adjektive auf -yj (stammbetont)

bjelyj = weiß

Sg.	masc.	fem.	neutr.	Pl.
Nom.	bjel-yj	bjel-aja	bjel-aje	bjel-yje
Gen.	-awa	-aj	-awa	-ych
Dat.	-amu	-aj	-amu	-ym
Akk.	-yj	-uju	-aje	-yje
Instr.	-ym	-aj	-ym	-ymi
Präp.	-am	-aj	-am	-ych

Adjektive auf -oj (endbetont)

galuboj = hellblau

Sg.	masc.	fem.	neutr.	Pl.
Nom.	galub-oj	galub-aja	galub-oje	galub-yje
Gen.	-owa	-oj	-owa	-ych
Dat	-omu	-oj	-omu	-ym
Akk.	-oj	-uju	-oje	-yje
Instr.	-ym	-oj	-ym	-ymi
Präp.	-om	-oj	-om	-ych

Adjektive auf -ij (stammbetont)

ssinij = dunkelblau

Sg.	masc.	fem.	neutr.	Pl.
Nom.	ssin-ij	ssin-jaja	ssin-jeje	ssin-ije
Gen.	-jewa	-jej	-jewa	-ich
Dat.	-jemu	-jej	-jemu	-im
Akk.	-ij	-juju	-jeje	-ije
Instr.	-im	-jej	-im	-imi
Präp.	-jem	-jej	-jem	-ich

Adjektive, die zu einem männlichen Hauptwort gehören, das ein Lebewesen bezeichnet, erhalten im Akkusativ die Genitivendungen.

Steigerung

Die Steigerungsform (Komparativ) wird durch Anfügen der Endung -(j)eje oder umgangssprachlich -jej an den Stamm gebildet: **medlenn-yj – medlenn-jeje** (langsam), **now-yj – now-eje** (neu).

Auch hier gibt es ein paar wichtige Ausnahmen: **bolsche** (mehr), **mensche** (weniger), **lutsche** (besser), **chushe** (schlechter), **daroshe** (teurer), **lechtsche** (leichter).

Vom Adjektiv zum Adverb (Umstandswort)

Adverbien sind leicht vom Adjektiv abzuleiten, indem man den Stamm -o (betont), oder -a (unbetont) anhängt. Dabei verschiebt sich häufig der Wortakzent.

bysstr-yj	– bysstra	(schnell)
prekrassn-yj	– prekrassna	(wunderbar)
daragoj	– doraga	(teuer)
charosch- ij	– charascho	(gut)
deschow-yj	– djoschewa	(billig)

Pronomina (Fürwörter)

Personalpronomen (persönliches Fürwort)

	ich	du	er/es	sie	wir	ihr/Sie	sie
Nom.	ja	ty	on/ano	ana	my	wy	ani
Gen.	menja	tjebja	jewo	jejo	nass	wass	ich
Dat.	mnje	tjebje	jemu	jej	nam	wam	im
Akk.	menja	tjebja	jewo	jejo	nass	wass	ich
Instr.	mnoj	taboj	im	jej	nami	wami	imi
Präp.	mnje	tjebje	njom	njej	nass	wass	nich

Possessivpronomen (besitzanzeigendes Fürwort)

	masc.	fem.	neutr.	Pl.	
Nom.	moj	maja	majo	mai	mein
	twoj	twaja	twajo	twai	dein
	nasch	nascha	nasche	naschi	unser
	wasch	wascha	wasche	waschi	euer
Gen.	majewo	majej	majewo	maich	
Dat.	majemu	majej	majemu	maim	
Akk.	moj	maju	majo	mai	
Instr.	maim	majej	maim	maimi	
Präp.	majom	majej	majom	maich	

Die Formen **jewo** (sein), **jejo** (ihr) und **ich** (ihr) sind nicht deklinierbar. Wie bei den Adjektiven gibt es nur eine Pluralform für alle Geschlechter.

Demonstrativpronomen (hinweisendes Fürwort)

ätat = dieser

Sg.	**masc.**	**fem.**	**neutr.**	**Pl.**
	dieser	diese	dieses	diese
Nom.	ätat	äta	äta	äti
Gen.	ätawa	ätaj	ätawa	ätich
Dat.	ätamu	ätaj	ätamu	ätim
Akk.	ätat	ätu	äta	äti
Instr.	ätim	ätaj	ätim	ätimi
Präp.	ätam	ätaj	ätam	ätich

Das Pronomen **tot** (jener) wird entsprechend dekliniert, hat aber anstelle des «i» in den Endungen stets ein «je» (tjem, tje, tjech usw.)

Kurzgrammatik

Fragewörter

Fragepronomen, die einen bestimmten Kasus nach sich ziehen

kto? schto?	wer? was?	(Nom.)
kawo? tschewo?	wessen?	(Gen.)
kamu? tschemu?	wem?	(Dat.)
kawo? schto?	wen? was?	(Akk.)
kjem? tschem?	mit wem? womit? wodurch?	(Instr.)
a kom? a tschom?	über wen? über was?	(Präp.)

Allgemeine Fragewörter

schto? (was), **gdje?** (wo), **kagda?** (wann), **kak?** (wie), **patschemu?** (warum), **sskolka?** (wieviel), **kuda?** (wohin), **atkuda?** (woher), **katoryj?** (welcher)

Präpositionen (Verhältniswörter)

Auch die Präpositionen sind an bestimmte Fälle gebunden.

Genitiv:	**at** (von), **bes** (ohne), **da** (bis), **dlja** (für), **is** (aus), **u** (bei)
Dativ:	**k** (zu)
Akkusativ:	**na** (auf, nach), **pod** (unter), **pro** (durch, über), **sa** (hinter, für), **tscheres** (durch), **w** (in, nach)
Instrumental:	**meshdu** (zwischen), **nad** (über), **pered** (vor), **pod** (unter), **sa** (hinter)
Präpositiv:	**na** (auf, an), **o** (über), **pri** (bei), **w** (in)

Rund ums Verb (Tätigkeitswort)

Je nach Definition kann man bis zu dreißig verschiedene Konjugationen im Russischen finden, die unregelmäßigen Verben nicht eingerechnet. Das Tröstliche dabei: es gibt nur zwei Konjugationsklassen, und die Personalendungen sind in allen Konjugationen gleich.

		e-Konjugation	i-Konjugation
		tschitatj = lesen	**gawaritj** = sprechen
1.Sg	ja	tschita-ju	gawar-ju
2.Sg.	ty	tschita-jesch	gawar-isch
3.Sg.	on/ana	tschita-jet	gawar-it
1.Pl.	my	tschita-jem	gawar-im
2.Pl.	wy	tschita-jetje	gawar-itje
3.Pl.	ani	tschita-jut	gawar-jat

Weitere Konjugationsbeispiele

wid-jetj, ja wish-u, ty wid-jesch (sehen)
arganis-awatj, ja arganis-uju, ty arganis-ujesch (organisieren)
ljub-itj, ja ljub-l-ju, ty ljub-isch (lieben)
prine-ssti, ja prine-ssu, ty prino-ssisch (bringen)
papa-sstj, ja papa-du, ty papa-djosch (kommen, geraten)
ply-tj, ja ply-wu, ty ply-wjosch (schwimmen)

Unregelmäßige Verben

Zu dieser Gruppe gehören einige der gebräuchlichsten Verben, z.B.:

		datj = geben	**pajesstj** = essen	**pitj** = trinken
1.Sg.	ja	dam	pajem	pju
2.Sg.	ty	dasch	pajesch	pjosch
3.Sg.	on/ana	dasst	pajesst	pjot
1.Pl.	my	dadim	pajedim	pjom
2.Pl.	wy	daditje	pajeditje	pjotje
3.Pl.	ani	dadut	pajedjat	pjut

Reflexive Verben

Bei reflexiven Verben ist an die Personalendung die Silbe **-ssa** oder nach Vokal **-ss** (sich) angehängt.

wsstretschat-ssa, ja wsstretschaju-ss, ty wsstretschajeschssa (sich treffen)

wernut-ssa, ja wernu-ss, ty wernjosch-ssa (zurückkehren)

nadejatssa, ja nadeju-ss, ty nadejesch-ssa (hoffen)

Kurzgrammatik

Aspekt

Neben den drei Zeiten Präsens (Gegenwart), Präteritum (Vergangenheit) und Futur (Zukunft) gibt es im Russischen zur zeitlichen Differenzierung die Aspekte. Fast jedem deutschen Verb stehen zwei russische Verben gegenüber, ein unvollendetes und ein vollendetes. Der unvollendete Aspekt drückt eine dauernde, wiederholte, regelmäßige oder gerade ablaufende Handlung aus. Der vollendete Aspekt drückt das Ergebnis oder die Einmaligkeit einer Handlung aus. Die Verben eines Aspektpaares werden in der Regel gleich konjugiert, das vollendete hat lediglich eine Vorsilbe zum unvollendeten: **jesstj – pajesstj** (essen), **tschitatj – pratschitatj** (lesen). Manchmal aber sind die beiden ganz verschiedene Konjugationstypen (**sakrywatj,** sakrywaju – **sakrytj,** sakroju, schließen), und manchmal gehören zu einem Aspektpaar zwei ganz verschiedene Verben, z.B. **gawaritj – sskasatj** (sprechen, sagen).
Vom unvollendeten Verb können alle drei Zeiten gebildet werden, vom vollendeten nur Vergangenheit und Zukunft.
Wichtig dabei: Die Gegenwartsform des vollendeten Verbs hat die Bedeutung der Zukunft.

Präteritum (Vergangenheit)

Die Vergangenheitsformen der Verben sind wesentlich leichter zu bilden als die Gegenwartsformen. An den Infinitivstamm werden einfach die Endungen **-l** für männlich, -**la** für weiblich, **-lo** und **-la** für sächlich und -**li** für die Mehrzahl angehängt. Das gilt für beide Aspekte und alle Konjugationstypen, ausgenommen sind nur einige Verben mit einer anderen Infinitivendung als -tj.
gawaritj, ja gawaril(a), on gawaril, ana/ano gawarila, my gawarili
sakrytj, ty sakryl(a), on sakryl, wy sakryli usw.

Futur (Zukunft)

Eine Möglichkeit, die Zukunft auszudrücken, ist – wie oben erwähnt – die Gegenwartsform des vollendeten Verbs. Eine weitere ist die Bildung mit dem Hilfsverb **bytj** (sein) und dem unvollendeten Verb im Infinitiv.

ja budu (ich werde)	
ty budjesch	
on/ana/ano budjet	tschitatj (lesen), gawaritj (sprechen),
my budjem	pakupatj (einkaufen) usw.
wy budjetje	
ani budut	

Verben der Bewegung, und wie man sie vermeidet

Die Verben der Bewegung im Russischen (gehen, laufen, fahren, fliegen, kriechen, klettern, tragen, kommen) wurden vermutlich erfunden, um Ausländern die russische Sprache zu verleiden. Neben der schon schwierigen Aspektfrage ist bei diesen Verben noch die Aktionsart zu berücksichtigen, die wieder neue Verbpaare ausbildet, ein bestimmtes und ein unbestimmtes Verb. Damit stehen einem Verb der Bewegung im Deutschen vier russische gegenüber. Mit den dazugehörigen zahllosen zusammengesetzten Verben bilden sie ein Dickicht an Formen, das selbst bei fortgeschrittenen Russischlernenden regelmäßig Frustattacken auslöst.
Zu vermeiden sind diese leider ständig benutzten Verben am besten durch konkretere Verben (z.B. *spazieren* statt *gehen*, *reisen* statt *fahren*, *zurückkehren* statt *nach Hause fahren*).

Ein paar besonders häufig gebrauchte Formen sollten Sie sich merken:

my jesdili	wir sind gefahren (hin und wieder zurück)
ja prijechal, my prijechali	ich bin / wir sind hierhergefahren (angekommen)
ja pajedu, my pajedjem	ich werde /wir werden fahren (irgendwohin)
ja pajdu / my pajdjom	ich werde /wir werden gehen (irgendwohin)
ja chashu	ich gehe (immer wieder, regelmäßig)
ja priwjos / my priwesli	ich habe /wir haben mitgebracht (in einem Fahrzeug transportiert)

Modalverben

Die meisten Modalverben im Russischen sind feststehende, nicht deklinierte Formen, die vor ein Verb im Infinitiv gestellt werden. Das Subjekt bzw. die Person wird durch das Personalpronomen im Dativ ausgedrückt:

müssen	mnje nushna rabotatj	*(ich muß arbeiten)*
dürfen, können	tjebje moshna tschitatj	*(du darfst lesen)*
nicht dürfen	jemu njelsja pitj	*(er darf nicht trinken)*
wollen, mögen	jej chotschetssa pajesstj	*(sie möchte essen)*

Beim Modalverb *brauchen* **nushen, nushna, nushny** richtet sich die Modalform nach dem Objekt (*Stuhl, Stift etc.*), die Person steht im Dativ.
mnje nush**en** sstul (*ich brauche einen Stuhl*),

	jemu nushn**a** rutschka (*er braucht einen Stift*) wam nushn**y** djeng**i** (*Sie brauchen Geld*)
Beim Modalverb *sollen*	**dolshen, dalshna, dalshno, dalshny** richtet sich die Modalform nach der Person im Nominativ: an**i** dalshn**y** rabotatj (*sie sollen arbeiten*)

Für *können* und *wollen* stehen auch Vollverben zur Verfügung, die häufig benutzt werden.

können = **motsch**

ja magu, ty moshesh, on/ana moshet, my moshem, wy moshetje, ani mogut

wollen = **chatetj**

ja chatschu, ty chotschesch, on/ana chotschet, my chatim, wy chatitje, ani chatjat

Grammatik in den Lektionen

Schlüssel

Üben 1

1. 1.b 2.a 3.b 4. b

2. **1.** Kak wy pashiwajetje? **2.** Menja sawut Tanja. **3.** Paka, schchassliwa. **4.** Kak wass sawut **5.** Sspassiba, otschen charascho. **6.** Priwet. Kak djela?

3. **1.** c **2.** d **3.** e **4.** a **5.** b

4. **1.** sawut **2.** Da **3.** otschen **4.** narmalna **5.** Menja

5. **1.** Kak djela? **2.** Paka. **3.** Priwet. **4.** Nitschewo, narmalna. 5. Sdrasstwuj.

Üben 2

1. **1.** gawarju pa-russki **2.** gawarju pa-anglijsski **3.** gawarju pa-nemjezki **4.** gawarju pa-franzusski

2. **1.** Da, ja gawarju pa-russki. **2.** Njet, ja nje gawarju pa-russki. **3.** Tschutj-tschutj. **4.** Njet, tolka pa-anglijsski. **5.** Ja panimaju tschutj-tschutj.

3. **1.** Awsstrii **2.** Italii **3.** Ameriki **4.** Germanii **5.** Anglii **6.** Schwejzarii

4. **1.** ani **2.** wy **3.** my **4.** ani **5.** wy

5. **1.** is **2.** pa **3.** tschutj-tschutj **4.** Njet **5.** toshe

Üben 3

1. **1.** prafessii **2.** jesstj **3.** interessna **4.** toshe **5.** i

2. **1.** toshe **2.** wratsch **3.** prafessija **4.** a

3. **1.** Kto wy pa prafessii? **2.** Ja – medssesstra. **3.** Äta otschen interessna. **4.** U nass tolka ssyn.

4. **1.** falsch **2.** falsch **3.** falsch **4.** richtig **5.** richtig

5. **1.** shena **2.** sstudjentka **3.** dotsch **4.** medssesstra **5.** ana

6. **1.** Alekssandr, Alekssandra **2.** Marija **3.** Nikalaj **4.** Nadjeshda **5.** Wladimir **6.** Jewgenij, Jewgenija **7.** Jekaterina

Prüfstand 1–3

1. **1.** Kak wass sawut? **2.** Kto wy pa prafessii? **3.** U wass jesstj djeti? **4.** Atkuda wy? **5.** Kak wy pashiwajetje?

2. **1.** c **2.** a **3.** c **4.** c **5.** b

3. **1.** Guten Tag. **2.** Ich heiße Irina Nikalajewna. **3.** Ich bin aus Rußland. **4.** Ich bin Ärztin. **5.** Ich spreche russisch und französisch. **6.** Ich spreche nicht deutsch, aber verstehe ein bißchen. **7.** Ich habe Kinder, eine Tochter und einen Sohn. **8.** Die Tochter ist Studentin, und der Sohn Ingenieur. **9.** Sind Sie aus Deutschland? **10.** Herzlich willkommen.

4. **1.** a **2.** b **3.** b **4.** c **5.** b

5. **1.** schchassliwa **2.** tschutj-tschutj **3.** Italija **4.** medssesstra **5.** djeti **6.** prafessija

6. **1.** c **2.** e **3.** a **4.** b **5.** d

Üben 4

1. **1.** a **2.** b **3.** a **4.** b **5.** a

2. **1.** Wir sind zum ersten Mal in Rußland. **2.** Wir waren schon in Moskau und in «Piter». **3.** Piter, das ist Sankt Petersburg. **4.** Wir fuhren mit dem Zug. **5.** In Wolgograd waren wir noch nicht.

3. **1.** w Rassii **2.** nje byla tam **3.** ushä byli w Masskwe **4.** nje na morje **5.** nje jesdili na maschynje

4. **1.** byli **2.** byla **3.** byl **4.** byli **5.** byli

5. **1.** byli **2.** jesdili **3.** byli, jesdili **4.** jesdili **5.** byli

Üben 5

1. **1.** Gdje bar? **2.** A resstaran toshe sakryt? **3.** Njet, on jeschcho atkryt. **4.** U menja w nomerje telewisar nje rabotajet. **5.** Kljutsch, pashalyssta. Gdje nomer?
2. **1.** rabotajet **2.** gdje **3.** atkryt **4.** nomerje **5.** pashalyssta
3. **1.** d **2.** e **3.** a **4.** b **5.** c
4. **1.** Telewisar nje rabotajet. **2.** Lift nje rabotajet. **3.** Lampa nje rabotajet. **4.** Telefon nje rabotajet. **5.** Bar nje rabotajet **6.** Maschyna nje rabotajet.
5. **1.** djessjatam ätashe **2.** tretjem ätashe **3.** wassmom ätashe **4.** perwam ätashe **5.** djewjatam ätashe

Üben 6

1. **1.** patom **2.** waksal **3.** papasstj **4.** snaju
2. **1.** a **2.** b **3.** b **4.** a **5.** b
3. **1.** wossjem, djessjatj **2.** tschetyrje, schesstj **3.** adin, tri **4.** schesstj, wossjem **5.** tri, pjatj
4. **1.** d **2.** a **3.** e **4.** c **5.** b
5. **1.** kakoj **2.** kakaja **3.** kakoje **4.** kakaja **5.** kakoj **6.** kakaja **7.** kakoje

Prüfstand 4–6

1. **1.** b **2.** c **3.** c **4.** b **5.** b, c **6.** a
2. **1.** Wy ushä byli w Germanii? **2.** Wy jesdili na pojesdje? **3.** Bar jeschcho atkryt? **4.** Gdje lessniza? **5.** Kak papasstj na waksal?
3. **1.** b **2.** a **3.** c **4.** b **5.** a
4. **1.** Wir sind zum ersten Mal in Moskau. **2.** Aber wir waren schon in Kiew. **3.** Kiew ist nicht in Rußland, das ist in der Ukraine. **4.** Wir fuhren mit dem Zug. **5.** In Moskau sind wir im Hotel. **6.** Bei uns im Zimmer ist ein Fernseher. **7.** Er funktioniert nicht. **8.** Aber in der Bar ist auch ein Fernseher. **9.** Die Bar ist geöffnet, aber das Restaurant ist geschlossen. **10.** Da gibt es noch ein Restaurant auf der Herzen-Straße. **11.** Mit dem Auto ist das nicht weit.
5. **1.** ssjem **2.** tschetyrje **3.** djewjatj **4.** adin **5.** dwe
6. **1.** Na ulize. **2.** W resstaranje. **3.** Na waksalje. **4.** W gasstinize. **5.** Na Ukrainje. **6.** W Düsseldorfje. **7.** Na lessnize. **8.** W Italii. **9.** W nomerje. **10.** Na morje.

Üben 7

1. **1.** wodku, sakusski **2.** mjassa, kartoschku **3.** Masskwu **4.** Rassiju **5.** ikru

2. **1.** Menju, pashalyssta. **2.** Ja wasmu sakusski, patom mjassa i griby. **3.** U wass jesstj ryba? **4.** Schto u wass jesstj na dessert? **5.** Maroshennaje, pashalyssta.

3. **1.** b **2.** a **3.** a **4.** a **5.** b

4. **1.** b **2.** a **3.** b **4.** a

Üben 8

1. **1.** c **2.** b **3.** e **4.** a **5.** d

2. **1.** ssok **2.** moshna **3.** pajesstj **4.** pjatj **5.** kakoje

3. **1.** wasche sdarowje **2.** nalitj **3.** rybu i kartoschku **4.** pajesstj **5.** napitki

4. **1.** Welche Getränke haben Sie? **2.** Heute gibt es bei uns nur Fisch. **3.** Haben Sie roten Sekt? **4.** Ich nehme Mineralwasser und dann Wodka. **5.** Darf ich Ihnen noch eingießen?

5. **1.** c **2.** e **3.** d **4.** a **5.** b

6. **1.** resstarany **2.** lampy **3.** kljutschi **4.** maschyny **5.** sstudjenty **6.** prafessii **7.** ryby **8.** butylki **9.** afizjanty **10.** wina **11.** ssupy

Üben 9

1. 1. pajeli 2. sakasala 3. rabotal 4. wypili 5. nalil, nalila

2. **1.** Kakije u wass napitki? **2.** Tam moshna otschen charascho pajesstj. **3.** Schto äta takoje? **4.** Nushna sakasatj sstol. **5.** Schchot, pashalyssta.

3. **1.** nushna, moshna **2.** moshna **3.** nushna **4.** Moshna **5.** nushna **6.** Moshna, Nushna

4. **1.** richtig **2.** falsch **3.** richtig **4.** falsch **5.** falsch

5. **1.** d **2.** a **3.** e **4.** b **5.** c

6. **1.** Ja wasmu ssup. **2.** Ja wasmu maroshennaje. **3.** Ja wasmu bjelaje wino. **4.** Ja wasmu kartoschku. **5.** Ja wasmu rybu. **6.** Ja wasmu piwa. **7.** Ja wasmu frukty. **8.** Ja wasmu griby.

Prüfstand 7–9

1. **1.** c **2.** c **3.** a **4.** c **5.** a

2. **1.** afizjanty **2.** schchoty **3.** telefony **4.** napitki **5.** gasstinizy **6.** prafessii **7.** krassnyje wina **8.** mineralnyje wody **9.** ryby **10.** butylki **11.** sstudjenty **12.** morja

3. **1.** afizjant **2.** prijatnawa appetita **3.** maroshennaje **4.** schchot **5.** ssdatscha

4. **1.** e **2.** d **3.** f **4.** b **5.** a **6.** c

5. **1.** sakasal, sakasala **2.** papal **3.** panimala **4.** wypili 5. pajeli

6. **1.** U wass jesstj kofje? **2.** U wass jesstj ssok? **3.** U wass jesstj ryba. **4.** U wass jesstj krassnaje wino? **5.** U wass jesstj menju? **6.** U wass jesstj mineralnaja wada? **7.** U wass jesstj frukty? **8.** U wass jesstj kartoschka? **9.** U wass jesstj ssalat? **10** U wass jesstj griby?

7. **1.** snatj **2.** passmatretj **3.** gawaritj **4.** bytj **5.** wypitj **6.** rabotatj **7.** sakasatj **8.** panimatj

Üben 10

1. **1.** Passmatritje, kakije owaschchi! **2.** U menja njet paketa, a ssumka. **3.** Frukty moshna kupitj w magasinje i na rynkje. **4.** Ja sabyl(a) bulatschki w magasinje. **5.** Sskolka sstoit ätat chljeb?

2. **1.** maroshennaje **2.** ssumka **3.** sabytj **4.** ssto

3. **1.** chljeba **2.** praduktaw **3.** zentra **4.** dollaraw **5.** ryb **6.** wratscha, ssumki

4. **1.** 2700 Rubel **2.** 463 DM **3.** 395 Dollar **4.** 80222 Rubel **5.** 11141 DM

5. **1.** ssumka **2.** owaschchi **3.** rynak **4.** djewuschka **5.** bulatschka

6. **1.** Moshna tam kupitj pradukty? **2.** Moshna tam kupitj owaschchi? **3.** Moshna tam kupitj tschaj? **4.** Moshna tam kupitj lampy? **5.** bulatschki? **6.** Moshna tam kupitj telewisary? **7.** Moshna tam kupitj ssumki? **8.** Moshna tam kupitj chljeb?

Üben 11

1. **1.** balschowa **2.** krassiwaj **3.** charoschich **4.** malenkije **5.** krassnawa, bjelawa

2. **1.** Im Zentrum von Moskau gibt es viele gute Restaurants. **2.** Dieser Pullover ist schön, aber er kostet zu viel. **3.** Der Ingenieur hat ein großes Auto. **4.** Auf dem Markt gibt es kein frisches Obst. **5.** Probieren Sie eine andere Mütze an, diese ist zu klein.

3. **1.** Äta **2.** Äta, druguju **3.** äta **4.** drugije **5.** Ätat, drugoj

4. **1.** d **2.** e **3.** b **4.** a **5.** c

5. **1.** krassiwaja ssumka **2.** drugoj atdjel **3.** charoschije knigi **4.** bjelaje wino **5.** kakije magasiny **6.** malenkije djeti **7.** ssweshaja ryba

6. **1.** Sskolka sstoit ätat chljeb? **2.** Sskolka sstoit äta schapka? **3.** Sskolka sstoit äta maschyna? **4.** Sskolka sstoit ätat pulower? **5.** Sskolka sstoit äta schampansskaje? **6.** Sskolka sstoit äta kniga? **7.** Sskolka sstoit äta butylka? **8.** Sskolka sstoit äta lampa?

Üben 12

1. **1.** Moshet bytj, wy chatitje krassiwyj brassljet? **2.** Sskolka wy mnje daditje? **3.** Kakije u wass jesstj djengi? **4.** U menja jesstj schto-nibudj dlja wass.

2. **1.** nam **2.** jej **3.** tjebje **4.** Mnje **5.** Jewo

3. **1.** b **2.** b **3.** b

4. **1.** ssebje **2.** ssebja **3.** ssebje **4.** ssebja **5.** ssebje

5. **1.** Moshet bytj, brassljet? **2.** Moshet bytj, kniga? **3.** Moshet bytj, schkatulka? **4.** Moshet bytj, broschka **5.** Moshet bytj, schapka? **6.** Moshet bytj, zepotschka ? **7.** Moshet bytj, pulower? **8.** Moshet bytj, butylka wodki? **9.** Moshet bytj, ssumka?

Prüfstand 10–12

1. **1.** b **2.** c **3.** c **4.** b **5.** c

2. **1.** Sskolka sstoit kilagramm jablak? **2.** Gdje moshna kupitj adjeshdu? **3.** Moshna passmatretj äti brassljety? **4.** U wass jesstj jeschcho schapki drugowa rasmera? **5.** Äta zepotschka is nasstajaschchewa solata?

3. **1.** bjelawa wina **2.** interessnych ssuweniraw. **3.** balschowa rasmera **4.** resstaranje **5.** nasstajaschchewa sserebra

4. **1.** paket **2.** chljeb **3.** djengi **4.** ssuwenir **5.** solata

5. **1.** b **2.** a **3.** a **4.** b **5.** a

6. **1.** adjeshda **2.** pradukty **3.** djengi **4.** ssuweniry

7. **1.** njejo **2.** jemu **3.** Im **4.** menja **5.** wam **6.** Nass

Üben 13

1. **1.** budjem **2.** budjet **3.** byla **4.** budut **5.** byl

2. **1.** W dwenazatj trizatj. **2.** W ssjem dwazatj. **3.** W dwazatj adin tschass ssorak pjatj minut. **4.** W pitnazatj djessjatj. **5.** W tschetyrje pitnazatj **6.** W wossjemnazatj pitdjessjatj pjatj. **7.** W dwazatj tri tschassa dwazatj schesstj minut. **8.** W djewjatj ssjemnazatj.

3. **1.** Kagda my wsstretimssa u tjebja? **2.** Patschemu tjebje nushna rabotatj kashdyj djen? **3.** Ja sawtra wetscheram budu pajesstj w resstaranje. **4.** Ja wam paswanju sawtra w tri tschassow. **5.** My wsstretimssa ssewodnja w ssjemnazatj tschassow na waksalje.

4. **1.** a **2.** b **3.** b **4.** a **5.** b

5. **1.** tschetwerg **2.** pjatniza **3.** wasskressenje **4.** wtornik **5.** pjatniza

Üben 14

1. **1.** Moshet bytj, my pajdjom w kino? **2.** Wy ushä byli w zyrkje? **3.** Gdje my wsstretimssa? **4.** Kagda natschala kanzerta? **5.** Wam panrawilssa kanzert?

2. **1.** falsch **2.** richtig **3.** falsch **4.** richtig **5.** richtig

3. **1.** gawarim **2.** snajesch **3.** panimajut **4.** pajdu **5.** pakashet, rabotajet **6.** kuplju **7.** dumajetje **8.** passmotrit

4. **1.** Patamu schto ja nje snal, kak pajti. **2.** Patamu schto ja nje snal, kagda natschala. **3.** Patamu schto ja dumal, konzert budjet sawtra. **4.** Patamuschto ja rabotal. **5.** Patamu schto u menja byl biljet w teatr. **6.** Patamu schto ja byl na wysstawkje.

5. **1.** Ihm gefällt, wie sie arbeitet. **2.** Wir treffen uns bei ihm zu Hause. **3.** Sie gehen auf eine interessante Ausstellung. **4.** Jetzt wird er euch sagen, wo er war. **5.** Wir wissen nicht, wie man ins Balschoj-Theater kommt.

6. **1.** My wstretimssa na wysstawkje. **2.** My wsstretimssa w zentre. **3.** My wsstretimssa na morje. **4.** My wsstretimssa w Masskwe. **5.** My wsstretimssa na ulize. **6.** My wsstretimssa u tjebja. **7.** My wsstretimssa na waksalje **8.** My wsstretimssa w teatre.

Üben 15

1. **1.** Wy dawno shiwjotje w Masskwe? **2.** Ja otschen ljublju russkije kwartiry. **3.** My byli w gasstjach u russkich snakomych. **4.** Mnje nje trudna shitj w goradje. **5.** Ransche u nass byli dwe komnaty, tjeper tri.

2. **1.** majej **2.** twajom **3.** sswaju **4.** jewo **5.** sswai **6.** jejo

3. **1.** snakomyj **2.** priglaschenije **3.** kwartira **4.** pamytj ruki **5.** gorad

4. **1.** c **2.** e **3.** a **4.** b **5.** d

5. **1.** sswaja **2.** sswajewo **3.** majom **4.** jejo **5.** sswajewo **6.** sswaich

6. **1.** Mnje nrawitssa sswaja kwartira. **2.** Mnje nrawitssa sswaja shena. **3.** Mnje nrawitssa ätat gorad. **4.** Mnje nrawitssa jewo maschyna. **5.** Mnje nrawitssa ätat resstaran. **6.** Mnje nrawitssa twoj ssyn. **7.** Mnje nrawitssa ätat film. **8.** Mnje nrawitssa äta gasstiniza.

Prüfstand 13–15

1. **1.** c **2.** b **3.** a **4.** c **5.** b **6.** a

2. **1.** gawaril(a), gawarju **2.** shil, shiwjot **3.** pakasywali, pakasywajut **4.** rabotali, rabotajem **5.** ljubila, ljubit

3. **1.** doma **2.** priglaschenije **3.** sdorawa **4.** biljet **5.** sswoj

4. **1.** Sawtra wetscheram, w wossjem tschassow, u menja doma. **2.** W tschetwerg, w dwazatj trizatj, na waksalje. **3.** W ssubotu, w wossjemnazatj tschassow ssorak pjatj minut, w resstaranje «Praga». **4.** Ssewodnja wetscheram, djewjatjnazatj nolj pjatj, w metro «Arbatskaja». **5.** Wa wtornik, w pitnazatj pitnazatj, w twajej kwartirje.

5. **1.** nitschewo **2.** malenkij **3.** mala **4.** tjeper **5.** pajesstj

6. **1.** W katoram tschassu my wsstretimssa u tjebja? **2.** Ransche ja dumal(a), schto trudna gawaritj pa-russki. **3.** Ja wam pakashu, gdje moshna pamytj ruki. **4.** My w perwyj ras byli w gasstjach u russkich. 5. Russkije ljubjat balschije kwartiry.

7. **1.** b **2.** a **3.** a **4.** b **5.** a

Wörterbuch

Dieses Wörterbuch führt neben einer Anzahl gebräuchlicher Wörter alle russischen Wörter auf, die in den Lektionen vorgestellt werden. Die Zahl hinter dem Wort zeigt an, in welcher Lektion es zum ersten Mal erscheint.

Substantive, deren Geschlecht nicht an der Endung zu erkennen ist, sind mit ‹m.› für maskulinum, ‹f.› für femininum und ‹n.› für neutrum gekennzeichnet. ‹Pl.› zeigt den Plural an, ‹Sg.› den Singular, und ‹koll.› steht für Sammelbezeichnungen.

Fremdwörter, die nicht dekliniert werden, sind mit ‹indekl.› gekennzeichnet.

Im deutsch-russischen Teil werden zu den **Verben**, die nicht nach der einfachen e-Konjugation konjugiert werden, die 1. und 2. Person Singular angegeben. Außerdem sind Verben im vollendeten Aspekt mit ‹voll.› versehen.

Russisch - Deutsch

А

а **a** *und, aber (1)*
август **awgusst** *August*
Австрия **Awsstrija** *Österreich*
автобус **awtobuss** *Omnibus (6)*
автор **awtar** *Autor*
администрация **administrazija** *Rezeption, Verwaltung*
адрес **adress** *Adresse*
алло **allo** *hallo (13)*
алфавит **alfawit** *Alphabet*
Америка **Amerika** *Amerika*
американский **amerikansskij** *amerikanisch (14)*
английский **anglijsskij** *englisch*
апрель **aprelj** *m. April*
аптека **apteka** *Apotheke*
армия **armija** *Armee*
аэропорт **ääraport** *Flughafen*

Б

бабушка **babuschka** *Großmutter*
балет **baljet** *Ballett (14)*
банк **bank** *Bank (Geldinst.)*
баня **banja** *russische Sauna*
бар **bar** *Bar (5)*
бассейн **bassejn** *Schwimmbecken*
бедность **bednasstj** *f. Armut*
бежать **beshatj** *laufen*
без **bes** *ohne*
без свинца **bes sswinza** *bleifrei*
безобразный **besabrasnyj** *häßlich*
безработица **besrabotiza** *Arbeitslosigkeit*

Белоруссия **Bjelarussija** *Weißrußland*
белый **bjelyj** *weiß (8)*
бензин **bensin** *Benzin*
берег **bereg** *Ufer*
беременная **beremennaja** *schwanger*
бесплатно **bessplatna** *kostenlos*
бизнесс **bisness** *Business*
билет **biljet** *Eintrittskarte (14)*
биология **bialogija** *Biologie*
благодарить **blagadaritj** *danken*
бланк **blank** *Formular*
близкий **bliskij** *nah*
блины **bliny** *Pl. Pfannkuchen*
блузка **bluska** *Bluse*
бог **boch** *Gott*
боже мой! **boshe moj!** *Oh mein Gott!*
божественная служба **bashestwennaja sslushba** *Gottesdienst*
болезнь **balesn** *f. Krankheit*
больница **balniza** *Krankenhaus*
больной **balnoj** *krank, Kranker*
больше **bolsche** *mehr*
большой **balschoj** *groß (11)*
Большой театр **Balschoj teatr** *Balschoj-Theater (14)*
бояться **bajatjssa** *sich fürchten*
браслет **brassljet** *Armband (12)*
брат **brat** *Bruder*
брошка **broschka** *Brosche (12)*
брюки **brjuki** *Pl. Hose*
брют **brjut** *extra-trocken*
будущее **buduschcheje** *Zukunft*
буква **bukwa** *Buchstabe*
булочка **bulatschka** *Brötchen (10)*
булочная **bulatschnaja** *Bäckerei*
бумага **bumaga** *Papier*
бутерброд **butjerbrod** *belegtes Brot*
бутылка **butylka** *Flasche (8)*
быстрый **bysstryj** *schnell*
быть **bytj** *sein (2)*
бюро **bjuro** *indekl. Büro*

В

в **w** *in, nach (4)*
в гостях **w gasstjach** *zu Besuch (15)*
в котором часу **w katoram tschassu** *um wieviel Uhr (13)*
в первый раз **w perwyj ras** *zum ersten Mal (4)*
важный **washnyj** *wichtig*
ванная **wannaja** *Badezimmer*
вареники **wareniki** *Pl. Quarkpastetchen*
варенье **warenje** *Kompott*
вдруг **wdrug** *plötzlich*
великий **welikij** *groß*
верить **weritj** *glauben*
вернуться **wernutjssa** *voll. zurückkehren*
весна **wessna** *Frühling*
весной **wessnoj** *im Frühling*
весь, вся, всё **wess, wssja, wssjo** *ganz, all*
вечером **wetscheram** *abends, am Abend (9)*
вещь **weschch** *f. Sache*
взять **wsjatj** *voll. nehmen (7)*
видеть **widetj** *sehen*
видно **widna** *sichtbar*
вилка **wilka** *Gabel*
вино **wino** *Wein (8)*
вкусно **wkussna** *köstlich (9)*
вместе **wmesstje** *zusammen*
внимание **wnimanije** *Aufmerksamkeit*
вода **wada** *Wasser*
водитель **waditjelj** *Fahrer*
водка **wodka** *Wässerchen, Wodka*
военный **wajennyj** *militärisch, Soldat*
воздух **wosduch** *Luft*
война **wajna** *Krieg*
вокзал **waksal** *Bahnhof (6)*
волосы **wolassy** *Pl. Haare*
вопрос **wapross** *Frage*
восемь **wossjem** *acht*
воскресенье **wasskressenje** *Sonntag*
восьмой **wassmoj** *achter*
восток **wasstok** *Osten*
вот **wot** *da, also (5)*
врач **wratsch** *Arzt (3)*
время **wremja** *n. Zeit*
всегда **wssegda** *immer*
всё **wssjo** *alles (7)*
вспышка **wsspyschka** *Blitzgerät*
встретиться **wsstretitssa** *voll. sich treffen (13)*
вторник **wtornik** *Dienstag*
второй **wtaroj** *zweiter*
вход **wchod** *Eingang*
входить **wchaditj** *hineingehen (15)*
вчера **wtschera** *gestern (13)*
вы **wy** *ihr, Sie*
выпить за **wypitj sa** *voll. trinken auf (8)*
высокий **wyssokij** *hoch*
высота **wyssata** *Höhe*
выставка **wysstawka** *Ausstellung (14)*
выход **wychad** *Ausgang*

Г

газета **gasjeta** *Zeitung*
галерея **galereja** *Galerie*
галстук **galsstuk** *Krawatte*
где **gdje** *wo (4)*
Германия **Germanija** *Deutschland*
герой **geroj** *Held*
гид **gid** *Führer*
главный **glawnyj** *wichtigster, Haupt-*
говядина **gawjadina** *Rindfleisch*
год **god** *Jahr*
голова **galawa** *Kopf*
голодный **galodnyj** *hungrig (7)*
голубой **galuboj** *hellblau*
гора **gara** *Berg*
город **gorad** *Stadt (14)*
горький **gorkij** *bitter*
горячее **garjatscheje** *Hauptgericht (7)*
горячий **garjatschij** *heiß*
господин **gasspadin** *Herr*
госпожа **gasspasha** *Frau (Anrede)*
гостеприимство **gosstjepriimsstwa** *Gastfreundschaft*
гость **gosstj** *Gast*
гостиница **gasstiniza** *Hotel (5)*
государственный **gassudarsstwennyj** *staatlich*
государство **gassudarsstwa** *Staat*
готовить **gatowitj** *kochen*
готовый **gatowyj** *fertig*
грамм **gramm** *Gramm*
грибы **griby** *Pilze (7)*
грипп **gripp** *Grippe*
громкий **gromkij** *laut*
грустный **grusstnyj** *traurig*
гулять **guljatj** *spazieren*

Д

да **da** *ja (2)*
давать **dawatj** *geben (8)*
давно **dawno** *lange, seit langem (15)*
даже **dashe** *sogar*
далеко **daleko** *weit (6)*
дать **datj** *voll. geben (6)*
два, две **dwa, dwe** *zwei*
дверь **dwer** *f. Tür*
двести **dwessti** *zweihundert*
двоюродный брат **dwajuradnyj brat** *Cousin*
двоюродная сестра **dwajuradnaja ssesstra** *Cousine*
девочка **djewatschka** *kleines Mädchen*
девушка **djewuschka** *junge Frau, Fräulein (9)*
девяносто **djewinossta** *neunzig*
девять **djewjatj** *neun*
дед **djed** *Großvater*
действительно **dejsstwitjelna** *wirklich*
декабрь **dekabr** *Dezember*
делать **djelatj** *tun, machen*
делегация **delegazija** *Gruppe, Delegation*
дело **djela** *n. Sache, Angelegenheit (1)*
день **djen** *m. Tag (13)*
день рождения **djen raschdjenija** *Geburtstag*
деньги **djengi** *Pl. Geld (12)*
деревня **derewnja** *Dorf*
дерево **djerewa** *n. Baum, Holz*
дессерт **dessert** *Dessert (7)*
десять **djessjatj** *zehn*
дети **djeti** *Pl. Kinder (3)*
детский **djetsskij** *Kinder-*
детство **djetsstwa** *Kindheit*
дешёвый **deschowyj** *billig*
диван **diwan** *Sofa*
дискотека **disskateka** *Diskothek*
длинный **dlinnyj** *lang*
для **dlja** *für (12)*
днём **dnjom** *am Tag, tagsüber*
до **da** *bis (6)*
до свидания **da sswidanja** *Auf Wiedersehen (1)*
добрый **dobryj** *gut, gutmütig*
добрый вечер **dobryj wetscher** *guten Abend (1)*
довольный **dawolnyj** *zufrieden*
договор **dagawor** *Vertrag*
договориться **dagawaritssa** *sich verabreden (13)*
дождь **doshd** *Regen*
долго **dolga** *lange*
дом **dom** *Haus*
дома **doma** *zu Hause (13)*
домой **damoj** *nach Hause*
достаточно **dasstatatschna** *genug*
достопримечательность **dasstaprimetschatjel-nasstj** *f. Sehenswürdigkeit*
дочь **dotsch** *f. Tochter*
друг **drug** *Freund*
другой **drugoj** *anderer (11)*
дружба **drushba** *Freundschaft*
думать **dumatj** *denken, meinen (14)*
душ **dusch** *Dusche*

Е

еврей **jewrej** *Jude*
Европа **Jewropa** *Europa*
европейский **jewrapejsskij** *europäisch*

единый **jedinyj** *einheitlich, Sammelfahrkarte*
если **jessli** *wenn, falls*
если…, то **jessli…, to** *wenn…, dann*
есть **jesstj** *ist zu* быть *(sein)*
ещё **jeschcho** *noch (4)*

Ё

ёлка **jolka** *Tannenbaum*

Ж

жалко **shalka** *schade*
ждать **shdatj** *warten*
желание **shelanije** *Wunsch*
желать **shelatj** *wünschen*
жена **shena** *Ehefrau (3)*
женский **shensskij** *weiblich*
женщина **shenschchina** *Frau*
жетон **sheton** *Chip, Münze*
жёлтый **sholtyj** *gelb*
жизнь **shisn** *f. Leben*
житель **shitjelj** *Einwohner, Bewohner*
жить **shitj** *leben (15)*
журнал **shurnal** *Zeitschrift*
журналист **shurnalisst** *Journalist*

З

за **sa** *für, hinter*
за здоровье **sa sdarowje** *zum Wohl (7)*
забыть **sabytj** *voll. vergessen (10)*
заварка **sawarka** *Teekonzentrat*
завод **sawod** *Betrieb, Fabrik*
завтра **sawtra** *morgen (13)*
завтрак **sawtrak** *Frühstück*
заграница **sagraniza** *Ausland*
заказать **sakasatj** *voll. bestellen (9)*
закуска **sakusska** *Vorspeise (7)*
закрыть **sakrytj** *voll. schließen (5)*
заниматься **sanimatssa** *sich beschäftigen*
запад **sapad** *Westen*
заправочная станица **saprawatschnaja sstanzija** *Tankstelle*
заседание **sassedanije** *Sitzung*
звать **swatj** *nennen, heißen (1)*
здание **sdanije** *Gebäude*
здесь **sdjess** *hier (11)*
здорово **sdorawa** *toll, super (14)*
здоровье **sdarowje** *Gesundheit*
здравствуй **sdrasstwuj** *grüß dich (1)*
здравствуйте **sdrasstwujtje** *guten Tag (1)*
зелёный **seljonyj** *grün*
земля **semlja** *Erde*
зима **sima** *Winter*
зимой **simoj** *im Winter*
знакомство **snakomsstwa** *n. Bekanntschaft*
знакомый **snakomyj** *bekannt, Bekannter (15)*
знать **snatj** *wissen (6)*
значит **snatschit** *also, das bedeutet*
золото **solata** *Gold (12)*
зонтик **sontik** *Schirm*
зоопарк **saapark** *Zoo*
зуб **sub** *Zahn*

И

и **i** *und, auch (1)*
и…,и…, **i ..., i** *sowohl... als auch*
играть **igratj** *spielen*
игрушка **igruschka** *Spielzeug*
известный **iswesstnyj** *bekannt, berühmt*
изменять **ismenjatj** *verändern*
изучать **isutschatj** *lernen*
икра **ikra** *Kaviar (7)*
или **ili** *oder (10)*
имя **imja** *n. Vorname*
инженер **inshenjer** *Ingenieur (3)*
иногда **inagda** *manchmal*
иностранец **inasstranjez** *Ausländer*
институт **insstitut** *Institut*
интересный **interessnyj** *interessant (3)*
интересоваться **interessawatssa** *sich interessieren*
искать **isskatj** *suchen*
искусство **isskusstwa** *Kunst*
исторический **isstaritscheskij** *historisch*
история **isstorija** *Geschichte*
Италия **Italija** *Italien*
итальянский **italjansskij** *italienisch*
июль **ijulj** *Juli*
июнь **ijun** *Juni*

К

к **k** *zu*
к сожалению **k ssashaleniju** *leider*
кабинет **kabinjet** *Arbeitszimmer*
каждый **kashdyj** *jeder (13)*
кажется **kashetssa** *es scheint*
как **kak** *wie (1)*
как вы поживаете **kak wy pashiwajetje** *wie geht es Ihnen (1)*
какой **kakoj** *welcher (6)*
капуста **kapussta** *Kohl*
карман **karman** *Jacken-, Hosentasche*

карта **karta** *Landkarte*
картина **kartina** *Bild, Gemälde*
картошка **kartoschka** *Kartoffel (7)*
касса **kassa** *Kasse*
кафе **kafä** *indekl. Café*
качество **katschesstwa** *n. Qualität*
кашель **kaschelj** *Husten*
квартира **kwartira** *Wohnung (15)*
квитанция **kwitanzija** *Quittung*
килограмм **kilagramm** *Kilogramm (10)*
кино **kino** *indekl. Kino (14)*
кладбище **kladbischche** *Friedhof*
ключ **kljutsch** *Schlüssel (5)*
книга **kniga** *Buch (11)*
книжний магазин **knishnij magasin** *Buchladen*
когда **kagda** *wann, als (13)*
кожа **kosha** *Leder*
колбаса **kalbassa** *Wurst*
количество **kalitschesstwa** *Menge, Quantität*
команда **kamanda** *Mannschaft*
комната **komnata** *Zimmer (15)*
композитор **kampasitar** *Komponist*
конверт **kanwert** *Briefumschlag*
конечно **kanjeschna** *natürlich*
конституция **kansstituzija** *Verfassung*
конфета **kanfeta** *Bonbon*
концерт **kanzert** *Konzert (14)*
короткий **karotkij** *kurz*
костюм **kastjum** *Anzug*
кот **kot** *Katze*
который **katoryj** *der (Relativpronomen)*
кофе **kofje** *indekl. Kaffee (8)*
кошмар **kaschmar** *Alptraum*
красивый **krassiwyj** *schön, hübsch (11)*
красный **krassnyj** *rot (8)*
кресло **kressla** *n. Sessel*
крест **kresst** *Kreuz*
критик **kritik** *Kritiker*
критика **kritika** *Kritik*
кровать **krawatj** *Bett*
кровь **krowj** *f. Blut*
кто **kto** *wer*
куда **kuda** *wohin (6)*
кукла **kukla** *Puppe*
культура **kultura** *Kultur*
купить **kupitj** *voll. kaufen (10)*
курить **kuritj** *rauchen*
курица **kuriza** *Geflügel*
кусок **kussok** *Stück*
кухня **kuchnja** *Küche*

Л

ладно **ladna** *okay*
лапша **lapscha** *Nudeln*
лежать **leshatj** *liegen*
лекарство **lekarsstwa** *n. Medikament*
лес **less** *Wald*
лестница **lessniza** *Treppe (5)*
лететь **letetj** *voll. fliegen*
лето **ljeta** *Sommer*
летом **ljetam** *im Sommer*
лёгкий **ljochkij** *leicht*
лёд **ljod** *Eis*
линия **linija** *Linie*
литература **literatura** *Literatur*
лифт **lift** *(5) Aufzug*
лицо **lizo** *Gesicht*
ложка **loschka** *Löffel*
лук **luk** *Zwiebel*
луна **luna** *Mond*
лучше **lutsche** *besser*
любить **ljubitj** *lieben*
любовь **ljubow** *f. Liebe*
люди **ljudi** *Pl. Leute*

М

магазин **magasin** *Geschäft (10)*
май **maj** *Mai*
маленький **malenkij** *klein (11)*
мало **mala** *wenig (12)*
мальчик **maltschik** *Junge*
марка **marka** *Briefmarke, DM*
март **mart** *März*
маршрут **marschrut** *Strecke*
матрёшка **matrjoschka** *Holzsteckpuppe*
мать **matj** *f. Mutter*
масло **massla** *n. Butter*
машина **maschyna** *Auto (4)*
мебель **mebelj** *Möbel*
медицинский **medizynskij** *medizinisch*
медленный **medlennyj** *langsam*
медсестра **medssesstra** *Krankenschwester (3)*
мелочи **melatschi** *Kleingeld, Kleinigkeiten*
меньше **mensche** *weniger*
меню **menju** *indekl. Menü, Speisekarte (7)*
место **messta** *n. Ort, Stelle, Platz*
месяц **messjaz** *Monat*
мечтать **metschtatj** *träumen*
мешать **meschatj** *stören*
мёд **mjod** *Honig*
минеральная вода **mineralnaja wada** *Mineralwasser (8)*
мир **mir** *Welt, Frieden*
много **mnoga** *viel (10)*
мода **moda** *Mode*

может быть **moshet bytj** *vielleicht (12)*
можно **moshna** *man kann, darf (7)*
мокрый **mokryj** *naß*
молодец **maladjez** *cleverer Bursche*
молодой **maladoj** *jung*
молодой человек **maladoj tschelawjek** *junger Mann*
молоко **malako** *Milch*
монастырь **manastyr** *Kloster*
море **morje** *Meer (4)*
мороженное **maroshennaje** *Speiseeis (7)*
москвич **masskwitsch** *Moskauer Bürger*
московский **masskowsskij** *Moskauer*
мост **mosst** *Brücke*
муж **mush** *Ehemann (3)*
мужчина **muschchina** *Mann*
музей **musej** *Museum*
мы **my** *wir*
мыло **myla** *n. Seife*
мышление **myschlenije** *Denkweise*
мясо **mjassa** *n. Fleisch (7)*

Н

на **na** *auf, nach, zum (4)*
наверно **nawerna** *wahrscheinlich*
над **nad** *über*
надежда **nadjeshda** *Hoffnung*
надеяться **nadejatssa** *hoffen*
назад **nasad** *zurück*
название **naswanije** *Bezeichnung*
называется **nasywajetssa** *wird bezeichnet*
найти **najti** *finden*
налево **naljewa** *(nach) links*
наливка **naliwka** *Aufgesetzter*
налить **nalitj** *voll. eingießen (8)*
напиток **napitak** *Getränk (8)*
направо **naprawa** *(nach) rechts*
например **naprimer** *zum Beispiel*
напротив **naprotiw** *gegenüber*
народ **narod** *Volk*
насморк **nassmark** *Schnupfen*
настоящий **nasstajaschchij** *echt (12)*
наука **nauka** *Wissenschaft*
научный **nautschnyj** *wissenschaftlich*
начало **natschala** *Beginn (14)*
начинать **natschinatj** *beginnen*
небо **njeba** *Himmel*
недавно **njedawna** *kürzlich*
недалеко **njedaleko** *nah (6)*
неделя **njedjelja** *Woche*
нельзя **njelsja** *man darf nicht*
немецкий **nemjezkij** *deutsch*
немножко **njemnoshka** *ein wenig*
необычный **njeabytschnyj** *ungewöhnlich*
несколько **njesskalka** *einige*
нет **njet** *nein (2)*
никогда **nikagda** *niemals*
никто **nikto** *niemand*
ничего **nitschewo** *nichts (1)*
но **no** *aber, jedoch (11)*
новость **nowasstj** *f. Neuigkeit*
новый **nowyj** *neu (15)*
нож **nosh** *Messer*
ноль **nolj** *Null*
номер **nomer** *Nummer, Hotelzimmer (5)*
нос **noss** *Nase*
носить **nassitj** *tragen*
носовой платок **nassawoj platok** *Taschentuch*
ночь **notsch** *f. Nacht*
ночью **notschju** *nachts*
ноябрь **najabr** *November*
нравится **nrawitssa** *es gefällt (14)*
ну **nu** *tja, nun, also*
нудный **nudnyj** *nackt*
нужно **nushna** *es ist nötig (6)*

O

о **a** *über*
обед **abjed** *Mittag*
обещать **abeschchatj** *versprechen*
общежитие **abschcheshitije** *Wohnheim*
общество **obschchesstwa** *n. Gesellschaft*
объяснять **abissnjatj** *erklären*
обычно **abytschna** *gewöhnlich*
обязательно **abjisatjelna** *natürlich, unbedingt (7)*
овощи **owaschchi** *Pl. Gemüse (10)*
огонь **agon** *f. Feuer*
одежда **adjeshda** *Kleidung (11)*
одеяло **adejala** *n. Decke*
один, одна, одно **adin, adna, adno** *eins*
озеро **osera** *n. See*
окно **akno** *Fenster*
около **okala** *ungefähr*
окончить **akontschitj** *beenden*
октябрь **aktjabr** *Oktober*
он, она, оно **on, ana, ano** *er, sie, es*
они **ani** *sie (Pl.)*

опаздывать **apasdywatj** *sich verspäten*
опасный **apassnyj** *gefährlich*
опять **apjatj** *wieder*
организовать **arganisawatj** *organisieren*
осень **ossen** *f. Herbst*
осеню **ossenju** *im Herbst*
осматривать **assmatriwatj** *besichtigen*
особенно **assobenna** *besonders*
остановка **asstanowka** *Haltestelle (6)*
осторожно **asstaroshna** *vorsichtig*
от **at** *(15) von*
ответ **atwet** *Antwort*
отдел **atdjel** *Abteilung (11)*
отдыхать **atdychatj** *sich erholen*
отец **atjez** *Vater*
открывать **atkrywatj** *öffnen*
открытка **atkrytka** *Ansichtskarte*
открытый **atkrytyj** *geöffnet (5)*
откуда **atkuda** *woher (2)*
отсюда **atssuda** *von hier*
оттуда **attuda** *von dort*
официант **afizjant** *Kellner (9)*
очень **otschenj** *sehr*
очество **otschesstwa** *n. Vatersname*
очки **atschki** *Pl. Brille*
ошибка **aschibka** *Fehler*

П

пакет **paket** *Tüte (10)*
пальто **palto** *Mantel*
памятник **pamitnik** *Denkmal*
память **pamjatj** *f. Erinnerung, Gedächtnis*
пара **para** *Paar*
парень **paren** *Bursche*
парикмахерская **parikmachersskaja** *Friseursalon*
партия **partija** *Partei*
паспорт **passpart** *Reisepaß*
Пасха **Passcha** *Ostern*
пельмени **pelmeni** *Nudelgericht*
первый **perwyj** *erster*
переводить **perewaditj** *übersetzen*
переводчик **perewodschik** *Übersetzer*
перед **pered** *vor*
передать **peredatj** *voll. übergeben*
перекресток **perekresstak** *Kreuzung*
переписка **perepisska** *Briefwechsel*
переулок **pereulak** *Gasse*
переход **perechod** *Übergang*
песня **pessnja** *Lied*
петь **petj** *singen*
печка **petschka** *Ofen*
пешком **peschkom** *zu Fuß*
пианино **pianina** *Klavier*
пиво **piwa** *Bier (8)*
пирог **pirog** *Kuchen*
писатель **pissatjelj** *Schriftsteller*
писать **pissatj** *schreiben*
письмо **pissmo** *Brief*
пить **pitj** *trinken*
плакать **plakatj** *weinen*
платить **platitj** *bezahlen*
платок **platok** *Tuch*
платье **platje** *Kleid*
племяник **plemjanik** *Neffe*
племяница **plemjaniza** *Nichte*
плов **plow** *Reisgericht*
плохой **plachoj** *schlecht*
площадь **ploschchadj** *f. Platz*
плыть **plytj** *voll. schwimmen*
по **pa** *nach, gemäß, über*
по-английски **pa-anglijsski** *(auf) englisch (2)*
по-немецки **pa-nemjezki** *(auf) deutsch (2)*
по-русски **pa-russki** *(auf) russisch (2)*
по-французски **pa-franzusski** *(auf) französisch (2)*
повторять **pawtarjatj** *wiederholen*
погода **pagoda** *Wetter*
под **pod** *unter*
подарок **padarak** *Geschenk*
подпись **podpiss** *f. Unterschrift*
подруга **padruga** *Freundin*
поезд **pojesd** *Zug (4)*
поездка **pajesdka** *Reise*
поесть **pajesstj** *voll. essen (7)*
пожалуйста **pashalyssta** *bitte (5)*
позавчера **posawtschera** *vorgestern*
позвонить **paswanitj** *voll. anrufen (13)*
поздно **posdna** *spät*
поздравлять **pasdrawljatj** *gratulieren*
позже **poshe** *später*
познакомиться **pasnakomitssa** *voll. sich kennenlernen*
пойти **pajti** *voll. gehen (14)*
пока **paka** *tschüß, solange (1)*
показывать,показать **pakasywatj, pakasatj** *voll. zeigen (14)*
полезный **palesnyj** *nützlich*
политик **palitik** *Politiker*
политика **palitika** *Politik*
политический **palititschesskij** *politisch*

полный **polnyj** *voll.*
половина **palawina** *Hälfte*
полотенце **palatenze** *Handtuch*
полусладкий **polu-ssladkij** *halbsüß*
полусухой **polussuchoj** *halbtrocken*
получить **palutschitj** *voll. bekommen*
помидоры **pamidory** *Pl. Tomaten*
помагать **pamagatj** *helfen*
помощь **pomaschch** *f. Hilfe*
помыть **pamytj** *voll. waschen (15)*
понедельник **panjedjelnik** *Montag*
понимать **panimatj** *verstehen (2)*
понятно **panjatna** *verständlich*
попасть **papasstj** *voll. kommen, geraten (6)*
популярный **papuljarnyj** *beliebt, populär*
пора **para** *es ist Zeit*
послать **passlatj** *voll. schicken*
после **possle** *nach (zeitl.)*
последний **passlednij** *letzter*
послезавтра **possle-sawtra** *übermorgen*
посмотреть **passmatretj** *voll. schauen (5)*
посолство **passolsstwa** *n. Botschaft*
потерять **paterjatj** *verlieren*
потом **patom** *dann, danach (6)*
потому что **patamu schta** *weil (14)*
поцелуй **pazeluj** *Kuß*
почему **patschemu** *warum (13)*
почта **potschta** *Post*
почти **patschti** *fast*
почтовый ящик **patschtowyj jaschchik** *Briefkasten*
поэт **paät** *Dichter*
поэтому **paätamu** *deshalb*
правда **prawda** *Wahrheit, zwar*
правильно **prawilna** *richtig*
правительство **prawitjelsstwa** *n. Regierung*
право **prawa** *n. Recht*
праздник **prasdnik** *Feiertag*
предложение **predlashenije** *Vorschlag, Satz*
предприятие **predprijatije** *Unternehmen*
прекрасный **prekrassnyj** *wunderschön*
преподаватель **prepadawatjelj** *Lehrer (3)*
преступность **presstupnasstj** *f. Kriminalität*
Прибалтика **Pribaltika** *Baltikum*
привет **priwet** *hallo, Gruß (1)*
пригласить **priglassitj** *voll. einladen*
приглашение **priglaschenije** *Einladung (15)*
примерить **primeritj** *voll., anprobieren, anpassen*
принести **prinessti** *voll. bringen (7)*
природа **priroda** *Natur*
приятно **prijatna** *angenehm*
приятного аппетита **prijatnawa appetita** *guten Appetit (9)*
проблема **prablema** *Problem*
проводить **prawaditj** *voll. begleiten, durchführen*
продавец **pradawez** *Verkäufer*
продавщица **prada-wschchiza** *Verkäuferin*
продукты **pradukty** *Pl. Lebensmittel*
производство **praiswodsstwa** *n. Produktion*
произношение **prais-naschenije** *Aussprache*
промышленность **pramyschlennasstj** *f. Industrie*
просить **prassitj** *bitten*
простите **prasstitje** *verzeihen Sie*
проститутка **prassti-tutka** *Prostituierte*
просьба **prossba** *Bitte*
проспект **prasspekt** *breite Straße*
простой **prasstoj** *einfach*
простуда **prasstuda** *Erkältung*
профессия **prafessija** *Beruf (3)*
прошлое **proschlaje** *Vergangenheit*
прошлый **proschlyj** *vergangen*
прощаться **praschchat-ssa** *sich verabschieden*
прямо **prjama** *geradeaus*
птица **ptiza** *Vogel*
пуловер **pulower** *Pullover (11)*
путь **putj** *Weg*
пьяный **pjanyj** *betrunken*
пятница **pjatniza** *Freitag*
пять **pjatj** *fünf*
пятый **pjatyj** *fünfter*

Р

работа **rabota** *Arbeit*
работать **rabotatj** *arbeiten (5)*
рабочий **rabotschij** *Arbeiter*
радио **radio** *indekl. Radio*
радость **radasstj** *f. Freude*
раз **ras** *Mal*
развитие **raswitije** *Entwicklung*
разговаривать **rasgawariwatj** *reden*
разговор **rasgawor** *Gespräch*
размер **rasmer** *Größe, Maß (11)*
разница **rasniza** *Unterschied*
разный **rasnyj** *verschieden*
разочарование **rasatscharawanije** *Enttäuschung*
разрешать **rasreschatj** *erlauben*
разум **rasum** *Verstand*
рана **rana** *Wunde*
рано **rana** *früh*
раньше **ransche** *früher (15)*
рассказывать **rasskasywatj** *erzählen*
реальность **realnasstj** *f. Realität*
ребёнок **rebjonak**, *Pl.* дети **djeti** *Kind, Kinder*
регулярно **reguljarna** *regelmäßig*
редко **redka** *selten*
рейс **rejs** *Flugnummer*
река **reka** *Fluß*
ресторан **resstaran** *Restaurant (5)*
речь **retsch** *f. Rede*
решение **reschenije** *Entscheidung*
решить **reschitj** *voll. entscheiden*
рис **riss** *Reis*
родина **rodina** *Heimat*
родители **raditjeli** *Eltern*
родиться **raditssa** *geboren werden*
рождество **rashdesstwo** *Weihnachten*
рокк-группа **rokk-gruppa** *Rockband (14)*
роман **raman** *Roman, Romanze*
Россия **Rassija** *Rußland*
рот **rot** *Mund*
рука **ruka** *Hand (15)*
русский **russkij** *russisch (15)*
ручка **rutschka** *Stift*
рыба **ryba** *Fisch (7)*
рынок **rynak** *Markt (10)*
рюмка **rjumka** *Gläschen*

С

с **ss** *mit*
с удовольствием **ss udawolsstwijem** *gerne, mit Vergnügen*
сад **ssad** *Garten*
садиться **ssaditssa** *sich setzen, einsteigen (6)*
самовар **ssamawar** *Samowar*
самолёт **ssamaljot** *Flugzeug*
сахар **ssachar** *Zucker*
свежий **ssweshij** *frisch (9)*
свет **sswet** *Licht*
светлый **sswetlyj** *hell*
свёкла **sswjokla** *Rote Bete*
свинина **sswinina** *Schweinefleisch*
свобода **sswaboda** *Freiheit*
свободное время **sswabodnaje wremja** *n. Freizeit (13)*
свободный **sswabodnyj** *frei*
связь **sswjas** *f. Beziehung*
святой **sswjatoj** *heilig*
сдача **ssdatscha** *Rückgabe, Wechselgeld (9)*
север **ssewer** *Norden*
сегодн **ssewodnja** *heute (8)*
седьмой **ssedmoj** *siebter*
сейчас **ssejtschass** *jetzt*
секрет **ssekret** *Geheimnis*
секретарша **ssekretarscha** *Sekretärin*
селёдка **sseljodka** *Hering*
сельское хосяйство **ssjelsskaje chasjajsstwa** *Landwirtschaft*
семь **ssjem** *sieben*
семья **ssjemja** *Familie*
сентябрь **ssentjabr** *September*
сердце **sserdze** *Herz*
серебро **sserebro** *Silber (12)*
сестра **ssesstra** *Schwester*
сидеть **ssidjetj** *sitzen*
сильный **ssilnyj** *stark*
символ **ssimwal** *Symbol*
синий **ssinij** *dunkelblau*
сказать **sskasatj** *sagen (6)*
сказка **sskaska** *Märchen, Sage*
сколько **sskolka** *wieviel (6)*
скорая помощь **sskoraja pomaschch** *f. Krankenwagen*
скоро **sskora** *bald*
скрипка **sskripka** *Geige*
скучный **sskuschnyj** *langweilig*
сладкий **ssladkij** *süß (8)*
следующий **ssledujuschchij** *nächster*
сливки **ssliwki** *Pl. Sahne*
словарь **sslawar** *Wörterbuch*
слово **sslowa** *Wort*
сложный **ssloshnyj** *kompliziert*

случайно **sslutschajna** *zufällig*
случиться **sslutschitssa** *geschehen*
слушать **ssluschatj** *zuhören*
слышать **sslyschatj** *hören, wahrnehmen*
слишком **sslischkam** *zu (sehr) (11)*
смерть **ssmertj** *f. Tod*
смеяться **ssmejatssa** *lachen*
сначала **ssnatschala** *anfangs*
снег **ssnjeg** *Schnee*
собака **ssabaka** *Hund*
собор **ssabor** *Kathedrale*
собрание **ssabranije** *Versammlung*
собственность **ssobsstwennasstj** *f. Eigentum*
совет **ssawjet** *Rat*
советовать **ssawjetawatj** *raten, empfehlen*
современный **ssawremennyj** *modern, zeitgenössisch*
согласен,-сна **ssaglassen, ssaglassna** *einverstanden*
сок **ssok** *Saft (8)*
соль **ssolj** *f. Salz*
солянка **ssaljanka** *Kohlsuppe*
сомнение **ssamnenije** *Zweifel*
сорок **ssorak** *vierzig*
сосед **ssassjed** *Nachbar*
соседка **ssassjedka** *Nachbarin*
сотрудничество **ssatrudnitschesstwa** *Zusammenarbeit*
союз **ssajus** *Union*
спасибо **sspassiba** *danke (1)*
спать **sspatj** *schlafen*
спектакль **sspektakl** *Schauspiel*
специальность **sspezialnasstj** *f. Spezialität, Spezialfach*
спокойной ночи **sspakojnaj notschi** *gute Nacht*
спокойный **sspakojnyj** *ruhig*
спорить **ssporitj** *streiten, diskutieren*
справедливый **sspradwedliwyj** *gerecht*
спрашивать **sspraschiwatj** *fragen*
средний **ssrednij** *durchschnittlich, mittel*
стакан **sstakan** *Glas*
станция **sstanzija** *Station*
старше **sstarsche** *älter*
старый **sstaryj** *alt*
стесняться **sstessnjatssa** *sich genieren*
стихи **sstichi** *Pl. Verse, Gedicht*
сто **ssto** *hundert*
стоить **sstoitj** *kosten (10)*
стол **sstol** *Tisch (9)*
столица **sstaliza** *Hauptstadt*
столовая **sstalowaja** *Kantine, Mensa*
сторона **sstarona** *Seite*
стоять **sstajatj** *stehen*
страна **sstrana** *Land*
страница **sstraniza** *Buchseite*
странный **sstrannyj** *seltsam, fremd*
страстный **sstrasstnyj** *leidenschaftlich*
строить **sstroitj** *bauen*
студент **sstudjent** *Student (3)*
студентка **sstudjentka** *Studentin (3)*
суббота **ssubota** *Samstag*
сувенир **ssuwenir** *Souvenir (12)*
судьба **ssudjba** *Schicksal*
сумка **ssumka** *Tasche (10)*
суп **ssup** *Suppe (7)*
сухой **ssuchoj** *trocken (8)*
сцена **sszena** *Bühne*
счастливо **schchassliwa** *mach's gut (1)*
счастье **schchasstje** *Glück*
счёт **schchot** *Rechnung*
сын **ssyn** *Sohn (3)*
сюда **ssuda** *hierher*

Т

так **tak** *so (12)*
такой **takoj** *solcher (9)*
такси **takssi** *indekl. Taxi (6)*
таксофон **takssafon** *Telefonapparat*
талон **talon** *Busfahrschein*
там **tam** *dort (4)*
танцевать **tanzewatj** *tanzen*
тарелка **tarjelka** *Teller*
творог **twarog** *Quark*
творчество **twortschesstwa** *n. Schaffen, Werk*
телевидение **telewidenije** *Fernsehen*
телевизор **telewisar** *Fernseher (5)*
телефон **telefon** *Telefon (5)*
теперь **tjeper** *jetzt, nun*
тёмный **tjomnyj** *dunkel*
тёплый **tjoplyj** *warm*
тип **tip** *Typ*
типичный **tipitschnyj** *typisch*
тихий **tichij** *still, leise*
тогда **tagda** *dann, damals (9)*
тоже **toshe** *auch (2)*
толстый **tolstyj** *dick*
только **tolka** *nur (2)*
точно **totschna** *exakt, sicher*
трамвай **tramwaj** *Straßenbahn*
третий **tretij** *dritter*
три **tri** *drei*
триста **trissta** *dreihundert*

троллейбус **trallejbuss** *Oberleitungsbus*
трудный **trudnyj** *schwer, schwierig (13)*
туалет **tualjet** *Toilette*
туалетная бумага **tualjetnaja bumaga** *Toilettenpapier*
туда **tuda** *dorthin (9)*
ты **ty** *du*
тюрьма **tjurma** *Gefängnis*

У

у **u** *bei (5)*
удобный **udobnyj** *bequem*
ужас **ushass** *Schrecken, Horror*
ужасный **ushassnyj** *schrecklich*
уже **ushä** *schon (4)*
ужин **ushyn** *Abendessen*
узнать **usnatj** *voll. erkennen, erfahren*
улица **uliza** *Straße (6)*
умный **umnyj** *klug*
умирать **umiratj** *sterben*
универмаг **uniwermag** *Kaufhaus*
университет **uniwerssitjet** *Universität*
условие **usslowije** *Bedingung*
успех **usspech** *Erfolg*
утро **utra** *Morgen*
утром **utram** *morgens*
уютный **ujutnyj** *gemütlich (15)*

Ф

фамилия **familija** *Nachname*
февраль **fewralj** *Februar*
фильм **film** *Film (14)*
финтифлюшки **fintifljuschki** *Nippeskram*
фотографировать **fatagrafirawatj** *fotografieren*
фотография **fatagrafija** *Fotografie*
Франция **Franzija** *Frankreich*
французский **franzusskij** *französisch*
фрукты **frukty** *Pl. Früchte, Obst (7)*
футбол **futbol** *Fußball*
футбольный матч **futbolnyj matsch** *Fußballspiel*

Х

характер **charakter** *Charakter*
химчистка **chimtschisstka** *Reinigung*
хлеб **chljeb** *Brot (10)*
холодильник **chaladilnik** *Kühlschrank*
холодный **chalodnyj** *kalt*
хороший **charoschij** *gut (1)*
хотеть **chatetj** *wollen, mögen (10)*
хотя **chatja** *obwohl*
художественный **chudoshestwennyj** *künstlerisch*
художник **chudoshnik** *Maler, Künstler*
худой **chudoj** *dünn, mager*

Ц

цвет **zwet** *Farbe*
цветок **zwetok**, *Pl.* **zwety** *Blume*
цель **zelj** *f. Ziel*
целовать **zelawatj** *küssen*
цена **zena** *Preis*
центр **zentr** *Zentrum (6)*
цепочка **zepotschka** *Kette (12)*
церковь **zerkaw** *f. Kirche*
цирк **zyrk** *Zirkus (14)*

Ч

чай **tschaj** *Tee (8)*
чайник **tschajnik** *Teekessel*
час **tschass** *Stunde, Uhr (13)*
часто **tschassta** *oft*
часть **tschasstj** *f. Teil*
часы **tschyssy** *Pl. Uhr*
чашка **tschaschka** *Tasse*
человек **tschelawjek**, *Pl.* **ljudi** *Mensch*
чем **tschem** *als (im Vergleich)*
чемодан **tschemadan** *Koffer*
чепуха **tschepucha** *Unsinn, Quatsch*
честный **tschesstnyj** *ehrlich*
четверг **tschetwerg** *Donnerstag*
четвёртый **tschetwjortyj** *vierter*
четыре **tschetyrje** *vier*
чёрный **tschornyj** *schwarz*
чёрт **tschort** *Teufel*
число **tschisslo** *Zahl, Datum*
чистить **tschisstitj** *säubern*
чистый **tschisstyj** *sauber*
читать **tschitatj** *lesen*
что **schto** *was, daß (9)*
что-нибудь **schtonibudj** *irgend etwas (12)*
чтобы **schtoby** *um zu*
чувство **tschusstwa** *n. Gefühl*
чувствовать **tschusstwawatj** *fühlen*
чудо **tschuda** *n. Wunder*
чужой **tschushoj** *fremd*
чуть-чуть **tschutjtschutj** *ein wenig (2)*

Ш

шампанское **schampansskaje** *Sekt (8)*
шапка **schapka** *Mütze (11)*
шведский стол **schwedsskij sstol** *Büffet mit Eintritt*
Швейцария **Schwejzarija** *Schweiz*
швейцар **schwejzar** *Türsteher*
шестой **schesstoj** *sechster*
шесть **schesstj** *sechs*
шкатулка **schkatulka** *Schmuckdose, Schatulle(12)*
школа **schkola** *Schule*
шоколад **schakalad** *Schokolade*

Щ

щётка **schchotka** *Bürste*
щи **schchi** *Pl. Kohlsuppe*

Э

экономика **äkanomika** *Wirtschaft*
экономический **äkanamitschesskij** *wirtschaftlich*
экскурсия **äksskurssija** *Ausflug*
электричка **älektritschka** *Vorortzug*
этаж **ätash** *Etage (5)*
этот, эта, это *Pl.*, эти **ätat, äta, äta,** *Pl.* **äti** *dieser (9)*

Ю

юбка **jubka** *Rock*
юг **jug** *Süden*
юность **junasstj** *f. Jugend*

Я

я **ja** *ich (2)*
яблоко **jablaka** *Apfel (10)*
язык **jesyk** *Sprache, Zunge*
яйцо **jajzo** *Ei*
январь **janwar** *Januar*
янтарь **jantar** *Bernstein*
ясный **jassnyj** *klar*

Deutsch - Russisch

A

Abend, guten *dobryj wetscher (1)*
Abendessen *ushin*
abends *wetscheram (9)*
aber *a (1) no (11)*
Abteilung *atdjel (11)*
acht *wossjem*
achter *wassmoj*
Adresse *adress*
älter *sstarsche*
ändern, sich *ismenjatj*
ärgerlich *sserdityj*
ärgern, sich *abishatssa*
alles *wssjo (7)*
Alphabet *alfawit*
als *tschem (Vergl.)*
alt *staryj*
Amerika *Amerika*
amerikanisch *amerikansskij (14)*
anderer *drugoj (11)*
Anfang *natschala n. (14)*
Angelegenheit *djela n.*
angenehm *prijatnyj*
Angestellter *sslushaschchij*
Angst haben *bajatssa, bajuss, baischssa*
anprobieren *primeritj, primerju, primerisch voll.(11)*
anrufen *paswanitj, paswanju, paswonisch voll. (13)*
Ansichtskarte *atkrytka*
Antwort *atwet*
Anzug *kastjum*
Apfel *jablaka n. (10)*
Apotheke *apteka*
Appetit, guten *prijatnawa appetita (9)*
April *aprelj*
Arbeit *rabota*
arbeiten *rabotatj (5)*
Arbeiter *rabotschij*
Arbeitslosigkeit *besrabotiza*
Armband *brassljet (12)*
Armee *armija*
Armut *bednasstj f.*
Artist *artisst*
Arzt *wratsch (3)*
auch *toshe (2)*
auf *na mit Präp., Akk. (4)*
Aufmerksamkeit *wnimanije*
Aufzug *lift (5)*
August *awgust*
aus is (2)
Ausflug *äksskurssija*
Ausgang *wychad*
Ausland *sagraniza*
Ausländer *inasstranjez*
Aussprache *praisnascheni-je*
Ausstellung *wysstawka*
Auto *maschyna*
Autor *awtar*

B

Badezimmer *wannaja*
Bäckerei *bulatschnaja*
Bahnhof *waksal (6)*
bald *sskora*
Ballett *baljet (14)*
Baltikum *Pribaltika*
Bank *bank*
Bar *bar (5)*
bauen *sstroitj, sstroju, sstroisch*
Baum *djerewa n.*
bedeutet, das *snatschit*
Bedingung *usslowije*
beenden *kontschitj, kontschu, kontschischu voll.*
Beginn *natschala n. (14)*
beginnen *natschinatj*
begleiten *prawashatj*
bei *u mit Gen.(5)*
bekannt, Bekannter *snakomyj (15)*
Bekanntschaft *snakomsstwa n.*
bekommen *palutschatj*
beliebt *papuljarnyj*
Benzin *bensin*
bequem *ujutnyj*
Berg *gara*
berühmt *iswesstnyj*
Beruf *prafessija (3)*
beschäftigen, sich *sanimatssa*
besichtigen *assmatriwatj*
besonders *assobenna*
besser *lutsche*
bestellen *sakasatj (9)*
Betrieb *sawod*
betrunken *pjanyj*
Bett *krawatj f.*
bezahlen *platitj, platschu, platisch*
Beziehung *sswjas f.*

Bier *piwa (8)*
Bild *kartina*
billig *deschowyj*
bis *(6) da*
bißchen *tschutj-tschutj*
bitte *(5) pashalyssta*
Bitte *prossba*
bitten *prassitj, praschu, prossisch*
blau *ssinij, galuboj*
bleifrei *bes sswinza*
Blitzlicht *wsspyschka*
Blume *zwetok, Pl. zwety*
Bluse *bluska*
Blut *krow f.*
Bolschoj-Theater *Balschoj teatr (14)*
Bonbon *kanfeta*
Botschaft *passolsstwa n.*
Brief *pissmo*
Briefkasten *patschtowyj jaschchik*
Briefmarke *marka*
Briefumschlag *kanwert*
Briefwechsel *perepisska*
Brille *atschki Pl.*
bringen *prinessti, prinessu, prinossisch voll. (7)*
Brosche *broschka (12)*
Brot *chljeb (10)*
Brötchen *bulatschka (10)*
Brücke *mosst*
Bruder *brat*
Buch *kniga (11)*
Buchladen *knishnyj magasin*
Buchstabe *bukwa*
Bühne *szena*
Bürger *grashdanin*
Büro *bjuro*
Bürste *schchotka*
Bus *awtobuss (6)*
Business *bisness*
Butter *massla n.*
Butterbrot *butjerbrod*

C

Café *kafä n.*
Charakter *charakter*
Cousin *dwajuradnyj brat*
Cousine *dwajuradnaja ssesstra*

D

da *wot (5) tam (4)*
damals *tagda*
danach *patom (6)*
danke *sspassiba (1)*
danken *blagadaritj, blagadarju, blagadarisch*
dann *tagda (9)*
daß *schto*
Datum *tschisslo*
denken *dumatj (14)*
Denkmal *pamitnik*
der *katoryj (Relativpron.)*
deshalb *paätamu*
Dessert *dessert (7)*
deutsch *nemjezkij, panemjezki Adverb (2)*
Deutschland *Germanija*
Dezember *dekabr*
Dichter *paät*
dick *tolstyj*
Dienstag *wtornik*
dieser *ätat*
Diskothek *diskateka*
diskutieren *ssporitj, ssporju, ssporisch*
Donnerstag *tschetwerg*
Dorf *djerewnja*
dort *tam (4)*
dorthin *tuda (9)*
draußen *na ulize*
drei *tri*
dreihundert *trissta*
dritter *tretij*
du *ty*
dürfen *moshna (7)*
dunkel *tjomnyj*
durchschnittlich *ssrednij*
Dusche *dusch*

E

echt *nasstajaschchij (12)*
Ehefrau *shena (3)*
Ehemann *mush (3)*
ehrlich *tschesstnyj*
Ehrlichkeit *tschesstnasstj f.*
Ei *jajzo n.*
Eigentum *ssobssstwennasstj f.*

einfach *prasstoj*
Eingang *wchod*
eingießen *nalitj, nalju, naljosch voll. (8)*
einige *njesskalka*
einladen *priglaschatj*
Einladung *priglaschenije (15)*
eins *adin*
einsteigen *ssaditssa, ssashuss, ssadischssa(6)*
eintreten *wchaditj, wchashu, wchodisch (15)*
Eintrittskarte *biljet (14)*
einverstanden *ssaglassen, ssaglassna*
Einwohner *shitjelj*
Eis *ljod, maroshennaje (7)*
Eltern *raditjeli*
empfehlen *ssawjetawatj, ssawjetuju, ssawjetujesch*
englisch *anglisskij, pa-anglisski (Adverb) (2)*
entscheiden *reschitj, reschu, reschisch voll.*
Entscheidung *reschenije*
Enttäuschung *rasatschara-wanije*
Entwicklung *raswitije*
er *on*
Erde *semlja*
erfahren *(Adj.) opytnyj*
erfahren *(Verb) usnatj, usnaju, usnajosch voll.*
Erfolg *usspech*
erholen, sich *atdychatj*
Erinnerung *pamjatj f.*
Erkältung *prasstuda*
erklären *abissnjatj*
erlauben *rasreschatj*
erster *perwyj*
erzählen *rasskasywatj*
es *ano*
essen *pajesstj, pajem, pajesch voll.(7)*
Etage *ätash (5)*
Europa *Jewropa*
europäisch *jewrapejsskij*
exakt *totschnyj*
Examen *äksamen*

F

Fahrer *waditjelj*
Familie *ssjemja*
Farbe *zwet*
faul *leniwyj*
Februar *fewralj*
Fehler *aschibka*
Feiertag *prasdnik*
Fenster *akno*
fertig *gatowyj*
Fernsehen *telewidenije*
Fernseher *telewisar (5)*
Feuer *agon f.*
Film *film (14)*
finden *najti, najdu, najdjosch voll.*
Fisch *ryba (7)*
Flasche *butylka (8)*
Fleisch *mjassa n. (7)*
fliegen *letetj, letschu, letisch*
Flughafen *ääraport*
Flugnummer *rejs*
Flugzeug *ssamaljot*
Fluß *reka*
Fotografie *fatagrafija*
fotografieren *fatagrafira-watj, fatagrafiruju, fata-grafirujesch*
Frage *wapross*
fragen *ssspraschiwatj*
Frankreich *Franzija*
französisch *franzusskij, pa-franzusski (Adverb) (2)*
Frau *(Anrede) gasspasha*
Fräulein, junge Frau *dje-wuschka*
frei *sswabodnyj*
Freiheit *sswaboda*
Freitag *pjatniza*
Freizeit *sswabodnaje wremja (13)*
fremd *strannyj, tschushoj*
Freude *radasstj f.*
Freund *drug*
Freundin *padruga*
Freundschaft *drushba*
Frieden *mir*
Friedhof *kladbischche*
frisch *ssweshij (9)*
Friseursalon *parikma-chersskaja*
Früchte *frukty (7)*
früh *rannij*
früher *ransche (15)*
Frühling *wessna*
Frühstück *sawtrak*
fühlen *tschusstwawatj, tschusstwuju, tschusstwu-jesch*
Führer *gid*
fünf *pjatj*
fünfter *pjatyj*
für *dlja mit Gen. (12), sa mit Akk.*
funktionieren *rabotatj (5)*
Fuß *naga,* **zu Fuß** *peschkom*
Fußball *futbol*
Fußballspiel *futbolnyj matsch*

G

Gabel *wilka*
Galerie *galereja*
ganz *wess, wssja, wssjo*
Garten *ssad*
Gasse *pereulak*
Gast *gosstj*
Gastfreundschaft *gosstjepriimsstwa n.*
Gebäude *sdanije*
geben *datj unreg. (6) dawatj, daju, dajosch (8)*
geboren sein *radilssa, radilass, Pl. radiliss*
Geburtstag *djen rashdenija*
Gedicht *sstichi Pl., sstichatwarenije*
gefährlich *apassnyj*
Gefängnis *tjurma*
gefallen *nrawitssa, mnje nrawitssa (14)*
Gefühl *tschusstwa n.*
gegen *protiw*
gegenüber *naprotiw*
Geheimnis *tajna*
gehen *pajti, pajdu, pajdjosch voll. (14)*
Geige *sskripka*
gelb *sholtyj*
Geld *djengi Pl. (12)*

Gemüse *owaschchi Pl. (10)*
gemütlich *ujutnyj (15)*
genug *dasstatatschna*
geöffnet *atkryt (5)*
geradeaus *prjama*
gerecht *ssprawedliwyj*
gerne *ssudawolsstwijem*
Geschäft *magasin (10)*
geschehen *sslutschitssa, sslutschilass*
Geschenk *padarak*
Geschichte *isstorija*
geschlossen *sakryt (5)*
Gesellschaft *obschchesstwa n.*
Gesetz *sakon*
Gesicht *lizo*
Gespräch *rasgawor*
gestern *wtschera (13)*
Gesundheit *sdarowje (8)*
Getränk *napitak, Pl. napitki*
gewöhnlich *abytschna*
Glas *sstakan, ssteklo*
glauben *weritj, werju, werisch*
Glück *schchasstje*
glücklich *schassliwyj*
Gold *solata n. (12)*
Gott *boch*
Gottesdienst *bashesstwennaja sslushba*
Gramm *gramm*
gratulieren *pasdrawljatj*
Grippe *gripp*
groß *balschoj (11), welikij*
großartig *welikalepnyj*
Großmutter *babuschka*
Großvater *djed*
grün *seljonyj*
grüß' dich *sdrasstwuj (1)*
gut *charoschij (1), dobryj (1)*

H

Haare *wolassy*
halbsüß *palussladkij*
Hälfte *palawina*
hallo *priwet (1), allo (13)*
Haltestelle *asstanowka (6)*
Hand *ruka (15)*
Handtuch *palatenze*
häßlich *besabrasnyj*
halbtrocken *polussuchoj*
Hauptgericht *garjatscheje (7)*
Hauptstadt *sstaliza*
Haus *dom*
heilig *sswjatoj*
Heimat *rodina*
heiß *garjatschij*
Held *geroj*
helfen *pamagatj*
hell *sswetlyj*
Herbst *ossen f.*
Herr *gaspadin*
Herz *sserdze*
heute *ssewodnja (8)*
hier *sdjess (11)*
Hilfe *pomaschch f.*
Himmel *njeba n.*
hinkommen *papasstj, papadu, papadjosch voll.*
historisch *isstaritschesskij*
hoch *wyssokij*
Höhe *wyssata*
hören *sslyschatj, sslyschu, sslyschisch; ssluschatj*
hoffen *nadejatssa, nadejuss, nadejeschssa*
Hoffnung *nadjeschda*
Holz *djerewa n.*
Honig *mjod*
Hose *brjuki, schtany Pl.*
Hotel *gasstiniza (5)*
Hotelzimmer *nomer (5)*
Huhn *kuriza*
Hund *ssabaka*
hundert *ssto*
hungrig *galodnyj (7)*
Husten *kaschelj*

I

ich *ja (2)*
ihr *wy (2)*
immer *wssegda*
in *w (4)*
Industrie *pramyschlennasstj f.*
Information *infarmazija*
Ingenieur *inshenjer (3)*
Institut *insstitut*
interessant *interessnyj (3)*
interessieren, sich *interessawatssa, interessujuss, interessujeschssa*
irgend etwas *schto-nibudj (12)*
Italien *Italija*
italienisch *italjansskij*

J

ja *da (2)*
Jahr *god*
jeder *kashdyj (13)*
jener *tot, ta, to*
jetzt *tjeper (15), ssejtschass*
Journalist *shurnalist*
Jude *jewrej*
Jugend *junasstj f.*
Juli *ijulj*
jung *maladoj*
Junge *maltschik*
junger Mann *maladoj tschelawek*
Juni *ijun*

K

Kaffee *kofje indekl. (8)*
kalt *chalodnyj*
Kartoffel *kartoschka (7)*
Kasse *kassa*
Kathedrale *ssabor*
Katze *kot*
kaufen *kupitj, kuplju, kupisch voll. (10)*
Kaufhaus *uniwermag*
Kaviar *ikra (7)*
Kellner *afizjant (9)*
kennenlernen, sich *snakomitssa, snakomljuss, snakomischssa*
Kette *zepotschka (12)*
Kilogramm *kilagramm (10)*
Kilometer *kilametr*
Kind *rebjonak, Pl. djeti (3)*
Kindheit *djetsstwa n.*
Kino *kino indekl. (14)*
Kirche *zerkaw f.*

klar *jassnyj*
Klavier *pianina*
Kleid *platje*
Kleidergröße *rasmer (11)*
Kleidung *adjeshda (11)*
klein *malenkij (11)*
Kloster *manasstyr*
klug *umnyj*
kochen *gatowitj, gatowlju, gatowisch*
können *motsch, magu, moshesch*
köstlich *wkussnyj (9)*
Koffer *tschemadan*
Kohl *kapussta*
kompliziert *ssloschnyj*
Komponist *kampasitar*
Kongreß *kangress, ssjesd*
Konzert *kanzert (14)*
Kopf *galawa*
kosten *sstoitj, 3.Sg. sstoit, 3.Pl. sstojat (10)*
kostenlos *bessplatnyj*
Kraft *ssila*
krank *balnoj*
Krankenhaus *balniza*
Krankenschwester *medssesstra (3)*
Krankheit *balesn f.*
Krankenwagen *sskoraja pomaschch f.*
Krawatte *galsstuk*
Kreuz *kresst*
Krieg *wajna*
Kriminalität *presstupnasstj f.*
Kritik *kritika*
Kritiker *kritik*
Kuchen *pirog*
Küche *kuchnja*
Kühlschrank *chaladilnik*
Künstler *chudoshnik*
künstlerisch *chudoshesstwennyj*
künstlich *isskusstwennyj*
kürzlich *njedawna*
küssen *zelawatj, zeluju, zelujesch*
Kultur *kultura*
Kunst *isskusstwa*
Kurs *kurss*
kurz *karotkij*
Kuß *pazeluj*

L

lachen *ssmejatssa, ssmejuss, ssmejoschssa*
Land *strana*
Landkarte *karta*
Landwirtschaft *ssjelskaje chasjajsstwa n.*
lang *dlinnyj*
lange *dolga*
langsam *medlennyj*
langweilig *sskuschnyj*
laufen *beshatj, begu, beshisch*
laut *gromkij*
leben *shitj, shiwu, shiwjosch (15)*
Leben *shisn f.*
Lebensmittel *pradukty Pl.*
Leder *kosha*
Lehrer *prepadawatjelj (3)*
leicht *ljochkij*
leider *k ssashaleniju*
leise *tichij*
lernen *isutschatj*
lesen *tschitatj*
letzter *passlednij*
Leute *ljudi*
Liebe *ljubow f.*
lieben *ljubitj, ljublju, ljubisch (15)*
Licht *sswet*
Lied *pessnja*
liegen *leshatj, leshu, leshisch*
Linie *linija*
links *naljewa*
Literatur *literatura*
Löffel *loshka*
Luft *wosduch*

M

Mädchen *djewatschka*
männlich *mushsskoj*
Märchen *sskaska*
März *mart*
Mai *maj*
Mal *ras*
Maler *chudoshnik*
manchmal *inagda*
Mann *muschchina m.*
Mannschaft *kamanda*
Mantel *palto*
Markt *rynak (10)*
Medikament *lekarsstwa n.*
Medizin *medizina*
medizinsch *medizinsskij*
Meer *morje (4)*
mehr *bolsche*
meinen *dumatj (14)*
Meinung *mnenije*
Mensch *tschelawek, Pl. ljudi*
Messer *nosh*
Milch *malako*
Million *million*
Mineralwasser *mineralnaja wada (8)*
Minute *minuta*
mit *ss mit Instr.*
Mittag(essen) *abjed*
Mode *moda*
modern *ssawremennyj*
Möbel *mebelj koll.*
Monat *messjaz*
Mond *luna*
Montag *panjedjelnik*
morgen *sawtra (13)*
Morgen *utra*
morgens *utram*
Münzfernsprecher *takssafon*
müssen *nushna (6)*
Mütze *schapka (11)*
Mund *rot*
Museum *musej*
Musik *musyka*
Mutter *matj f.*

N

nach *posslje m.Gen.*
Nachbar *ssassjed*
Nachbarin *sassjedka*
Nachname *familija*
nächster *ssledujuschchij*
Nacht *notsch f.*
nachts *notschju*
nackt *nudnyj*
nah *bliskij, njedaleko (Adverb)*
Nase *noss*
naß *mokryj*

Natur *priroda*
natürlich *kanjeschna, abjisatjelna (7)*
nehmen *wsjatj, wasmu, wasmjosch voll. (7)*
nein *njet*
nennen *swatj, sawu, sawjosch (1)*
neu *nowyj (15)*
Neuigkeit *nowasstj f.*
neun *djewjatj*
neunzig *djewinossta*
nicht *nje*
nichts *nitschewo*
niemals *nikagda*
niemand *nikto*
noch *jeschcho*
Norden *ssewer*
nötig *nushna (6)*
November *najabr*
Null *nolj*
Nummer *nomer (5)*
nur *tolka (2)*
nützlich *palesna*

O

Obst *frukty (7)*
obwohl *chatja*
oder *ili (10)*
öffnen *atkrywatj*
oft *tschasta*
ohne *bes mit Gen.*
Oktober *aktjabr*
Oma *babuschka*
Oper *opera*
Orchester *arkesstr*
Organisation *arganisazija*
organisieren *arganisawatj, arganisuju, arganisujesch*
Ort *mjessta n.*
Osten *wasstok*
Ostern *Passcha*
Österreich *Awsstrija*

P

Paar *para*
Papier *bumaga*
Park *park*
Partei *partija*
Pilze *griby (7)*
Platz *ploschchadj f., mjessta n.*
Politik *palitika*
Politiker *palitik*
politisch *palititschesskij*
Polizei *milizija*
Polizist *milizianjer*
populär *papuljarnyj*
Post *potschta*
Preis *zena*
Problem *problema*
Produktion *praiswodsstwa n.*
Prostituierte *prasstitutka*
Pullover *pulower (11)*
Puppe *kukla*
Putsch *putsch*

Q

Qualität *katschesstwa n.*
Quantität *kalitschesstwa n.*
Quark *twarog*
Quatsch *jerunda, tschepucha*
Quittung *kwitanzija*

R

Radio *radio indekl.*
Rat *ssawjet*
rauchen *kuritj, kurju kurisch*
Realität *realnasstj f.*
Rechnung *schchot (9)*
Recht *prawa n.*
rechts *naprawa*
rechtzeitig *wowremja*
Rede *retsch f.*
reden *gawaritj, gawarju, gawarisch*
Regen *doshd f.*
Regierung *prawitjelsstwa n.*
Regisseur *reshissjor*
Reis *riss*
Reise *puteschesstwije*
Reisepaß *passpart*
Restaurant *resstaran (5)*
Rezeption *administrazija*
richtig *prawilnyj*
Rindfleisch *gawjadina*
Rock *jubka*
Rockband *rokk-gruppa (14)*
Roman *raman*
rot *krassnyj (8)*
ruhig *sspakojnyj*
russisch *russkij (15), pa-russki (Adverb) (2)*
Rußland *Rassija*

S

Sache *weschch f., djela n.*
säubern *tschisstitj, tschischu, tschisstisch*
Saft *ssok (8)*
sagen *sskasatj, sskashu, sskashesch voll. (6)*
Sahne *ssliwki Pl.*
Salz *ssolj*
Samstag *ssubota*
sauber *tschisstyj*
schade *shalka*
schauen *passmatretj, passmatrju, passmotrisch (5)*
Schauspiel *spektakl*
schicken *passylatj*
Schicksal *ssudjba*
Schirm *sontik*
schlafen *sspatj, ssplju, sspisch*
schlecht *plachoj*
schließen *sakrywatj*
Schlüssel *kljutsch (5)*
Schmuckdose *schkatulka (12)*
Schnee *ssnjeg*
schnell *bystryj*
Schnupfen *nassmark*
schön *krassiwyj (11)*
Schokolade *schakalad*
schon *ushä (4)*
schrecklich *ushassnyj*
schreiben *pissatj, pischu, pischesch*
Schriftsteller *pissatjelj*
Schule *schkola*
schwanger *beremennaja*
schwarz *tschornyj*
Schweinefleisch *sswinina*
Schweiz *Schwejzarija*

Schwester *ssesstra*
schwierig *trudnyj (13)*
Schwimmbad *bassejn*
schwimmen *plytj, plywu, plywjosch*
sechs *schesstj*
sechster *schesstoj*
See *osera n.*
sehen *widetj, wishu, widisch*
Sehenswürdigkeit *dasstaprimetschatelnasstj f.*
sehr *otschen*
Seife *myla n.*
sein *bytj , jesstj, byl, budu*
seit langem *dawno (15)*
Seite *sstraniza, sstarana*
Sekretärin *ssekretarscha*
Sekt *schampansskaje (8)*
selten *redka*
seltsam *sstrannyj*
September *ssentjabr*
Sessel *kressla n.*
setzen, sich *ssaditssja, ssashuss, ssadischssa (6)*
Sicherheit *besapassnasstj f.*
sichtbar *widna*
sie *ana, ani*
Sie *wy (2)*
sieben *ssjem*
siebter *ssedmoj*
Silber *sserebro (12)*
singen *petj, paju, pajosch*
sitzen *ssidetj, ssishu, ssidisch*
Sitzung *sassedanije*
so *tak*
Sofa *diwan*
Sohn *ssyn (3)*
solcher *takoj (9)*
Sommer *ljeta n.*
Sonntag *wasskressenje*
Souvenir *ssuwenir (12)*
spät *posdna*
später *poshe*
spazieren *guljatj*
Speiseeis *maroshennaje (7)*
Speisekarte *menju indekl. (7)*
Spezialität *spezialnasstj f.*
spielen *igratj*
Spielzeug *igruschka*
Sport *ssport*
Sprache *jesyk*
sprechen *gawaritj, gawarju, gawarisch (2)*
Staat *gassudarsstwa n.*
staatlich *gassudarsstwennyj*
Stadt *gorad (14)*
stark *ssilnyj*
Station *sstanzija*
stehen *sstajatj, staju, staisch*
sterben *umiratj*
Stift *karandasch*
still *tichij*
stören *meschatj*
Straße *uliza (6)*
Straßenbahn *tramwaj*
Strecke *marschrut*
streiten *ssporitj, ssporju, ssporisch*
Student *sstudjent (3)*
Studentin *sstudjentka (3)*
studieren *utschitssa, utschuss, utschischssa*
Stück *kussok*
Stuhl *sstul*
Stunde *tschass (13)*
suchen *isskatj, ischu, ischesch*
Süden *jug*
süß *ssladkij (8)*
Suppe *ssup (7)*
Symbol *ssimwal*
sympathisch *ssimpatitschnyj*

T

Tag *djen (13),* **guten** *sdrasstwujtje (1)*
tagsüber *dnjom*
Tankstelle saprawatschnaja sstanzija
Tasche *ssumka (10)*
Taschentuch *nassawoj platok*
Tasse *tschaschka*
Taxi *takssi*
Tee *tschaj (8)*
Teekessel *tschajnik*
Teil *tschasstj f.*
Telefon *telefon (5)*
Telegramm *telegramma*
Teller *tarjelka*
Tennis *tenniss*
Teufel *tschort*
Tisch *sstol (9)*
Tochter *dotsch f. (3)*
Tod *ssmertj f.*
Toilette *tualjet*
Toilettenpapier *tualjetnaja bumaga*
toll *sdorawa (14)*
Tomaten *pamidory*
Torte *tort*
Tourist *turisst*
tragen *nassitj, naschu, nossisch*
träumen *metschtatj*
traurig *grusstnyj*
treffen, sich *wsstretitssa, wsstretschuss, wsstretischssa (13)*
Treppe *lessniza (5)*
trinken *pitj, pju, pjosch, wypitj, wypju, wypjesch (8)*
trocken *ssuchoj (8)*
tschüß *paka (1)*
Tuch *platok*
tun *djelatj*
Tür *dwer f.*
Tüte *paket (10)*
Typ *tip*
typisch *tipitschnyj*

U

über *a mit Präp, nad mit Instr.*
Übergang *perechod*
übergeben *peredawatj, peredaju, peredajosch*
übermorgen *posslesawtra*
übersetzen *perewaditj, perewashu, perewodisch*
Übersetzer *perewotschik*
Ufer *bereg*
um wieviel Uhr *w katoram tschassu (13)*
unbedingt *abjisatjelna (7)*
und *i, a*
ungefähr *okala mit Gen.*

Wörterbuch

ungewöhnlich *njeabytschnyj*
Uhr *tschyssy Pl.*
Union *ssajus*
Universität *uniwerssitjet*
unter *pod mit Instr.*
Unternehmen *predprijatije*
Unterschied *rasniza*
Unterschrift *podpiss f.*

V

Vater *atjez*
Vatersname *otschesstwa n.*
verabreden, sich *dagawaritssa, dagawarjuss, dagawarischssa (13)*
verabschieden, sich *praschchatssa*
Verbrechen *presstuplenije*
Verfassung *kansstituzija*
vergangen *proschlyj*
Vergangenheit *proschlaje*
vergessen *sabytj, sabudu, sabudjesch voll. (10)*

W

Wahrheit *prawda*
wahrscheinlich *nawerna*
Wald *less*
wann *kagda (13)*
warm *tjoplyj*
warten *shdatj, shdu, shdjosch*
warum *patschemu (13)*
was *schto (9)*
waschen *pamytj, pamoju, pamojesch voll. (15)*
Wasser *wada*
Wechselgeld *ssdatscha (9)*
Weg *daroga, putj*
weiblich *shensskij*
Weihnachten *rashdesstwo*
weil *patamu schta (14)*
Wein *wino (8)*
weinen *plakatj, platschu, platschesch*
weiß *bjelyj (8)*
Weißrußland *Bjelarussija*
weit *daleko (6)*
welcher *kakoj (6)*
Welt *mir*
wenig *mala (12)*
weniger *mensche*
wenn *jessli, kagda*
wenn..., dann *jessli ..., to*
wer *kto*
Westen *sapad*
Wetter *pagoda*
wichtig *washnyj*
wie *kak (1)*
wieder *apjatj*
wiederholen *pawtarjatj*
Wiedersehen, auf *da sswidanja (1)*
wieviel *sskolka (6)*
Winter *sima*
wir *my*
wirklich *dejsstwitjelna*
Wirtschaft *äkanomija*
wirtschaftlich *äkanamitschesskij*
wissen *snatj (6)*
Wissenschaft *nauka*
wissenschaftlich *nautschnyj*
wo *gdje (4)*
Woche *njedjelja*
Wörterbuch *sslawar*
woher *atkuda (2)*
wohin *kuda (6)*
Wohnheim *abschcheshitije*
Wohnung *kwartira (15)*
wollen *chotetj, chatschu, chotschesch (10)*
Wort *sslowa n.*
wünschen *shelatj*
Wunde *rana*
wunderschön *prekrassnyj*
Wunsch *shelanije*
Wurst *kalbassa*

Z

Zahl *tschisslo*
Zahn *sub*
zehn *djessjatj*
zehnter *djessjatyj*
zeigen *pakasatj, pakashu, pakashesch voll. (14)*
Zeit *wremja, Gen. wremeni n.*
Zeitschrift *shurnal*
Zeitung *gasjeta*
Zentrum *zentr (6)*
Ziel *zelj f.*
Zigarette *ssigarjeta*
Zimmer *komnata (15)*
Zirkus *zyrk (14)*
zu Besuch *w gasstjach (15)*
zu Hause *doma (13)*
Zucker *ssachar*
zuerst *ssnatschala*
zufällig *sslutschajna*
zufrieden *dawolnyj*
Zug *pojesd*
Zukunft *buduschcheje*
zum ersten Mal *w perwyj ras (4)*
zurück *nasad*
zurückkehren *wernutssa, wernuss, wernjoschssa voll.*
zusammen *wmesstje*
Zusammenarbeit *ssatrudnitschesstwa n.*
zwei *dwa, dwe*
Zweifel *ssamnenije*
zweihundert *dwessti*
zweiter *wtaroj*

Bildnachweis

Alle Fotos stammen von Hartwig Bögeholz

Alphabet

А, а	*A, a*
Б, б	*B, b*
В, в	*W, w*
Г, г	*G, g*
Д, д	*D, d*
Е, е	*E, e*
Ё, ё	*Jo, jo*
Ж, ж	*Sh, sh*
З, з	*S, s*
И, и	*I, i*
Й, й	*J, j*
К, к	*K, k*
Л, л	*L, l*
М, м	*M, m*
Н, н	*N, n*
О, о	*O, o*
П, п	*P, p*
Р, р	*R, r*
С, с	*Ss, ss*
Т, т	*T, t*
У, у	*U, u*
Ф, ф	*F, f*
Х, х	*Ch, ch*
Ц, ц	*Z, z*
Ч, ч	*Tsch, tsch*
Ш, ш	*Sch, sch*
Щ, щ	*Schch, schch*
Ъ, ъ	*Härtezeichen*
Ы, ы	*Y, y*
Ь, ь	*Weichheitszeichen*
Э, э	*Ä, ä*
Ю, ю	*Ju, ju*
Я, я	*Ja, ja*

SOS

Das Allerwichtigste für alle Fälle

bitte	*pashalyssta*
danke	*sspassiba*
vielen Dank	*balschoje sspassiba*
entschuldigen Sie!	*prasstitje!*
ja	*da*
nein	*njet*
guten Tag	*sdrasstwujtje*
auf Wiedersehen	*da sswidanja*
ich verstehe nicht	*ja nje panimaju*
langsam, bitte	*medlenneje, pashalyssta*
ich spreche kein Russisch	*je nje gawarju pa-russki*
sprechen Sie Deutsch?	*wy gawaritje pa-nemjezki?*
sprechen Sie Englisch?	*wy gawaritje pa-anglijsski?*
Polizei	*milizija*
Unfall	*njeschchasstnyj sslutschaj*
Feuer	*pashar*
Diebstahl	*krasha*
was ist passiert?	*schto sslutschilass?*
helfen Sie!	*pamagitje*
Arzt	*wratsch*
krank	*balnoj*
mir tut ... weh	*u menja balit ....*
Kopf	*galawa*

Arm/Hand	*ruka*
Bein/Fuß	*naga*
ich habe Fieber	*u menja temperatura*
Apotheke	*apteka*
Krankenhaus	*balniza*
Krankenwagen	*sskoraja pomaschch*
vorsichtig	*asstaroshna*
schnell	*bysstra*

was?	*schto*
wann?	*kagda*
wo?	*gdje*
wie?	*kak*
wieviel?	*sskolka*

Flughafen	*äraport*
Bahnhof	*waksal*
Hotel	*gasstiniza*
Bank	*bank*
Geldwechsel	*rasmen djeneg*

Taxi	*takssi*
Bus	*awtobus*
U-Bahn	*metro*
Stadtplan	*plan gorada*
nach links	*naljewa*
nach rechts	*naprawa*
geradeaus	*prjama*
ist das weit?	*äta daleko?*

haben Sie ...?	*u wass jesstj ....?*
was kostet ...?	*sskolka sstoit ....?*
wo ist die Toilette?	*gdje tualjet?*
ich habe Hunger	*mnje chotschetssa pajesstj*
ich habe Durst	*mnje chotschetssa pitj*
ich habe kein Geld	*u menja njet djeneg*
ich habe .... verloren	*ja paterjal(a)*

seien Sie doch so nett	*budtje dabry*
sagen Sie bitte	*sskashitje, pashalyssta*
lassen Sie mich in Ruhe	*asstawtje menja w pakoje*